프로 수학강사의 비법 노트
초등수학 6년

고스기 다쿠야 지음

김치영 옮김

for book

머리글
한 권으로 끝내는 초등 수학 참고서의 결정판!

이 책을 선택한 독자들에게 감사드립니다.

이 책은 한 권으로 초등 수학을 기초부터 완전히 이해하기 위한 참고서이며, 다음과 같은 독자들을 위해 만들어졌습니다.

① 초등학생 자녀에게 수학을 가르치고 싶은 학부모
② 스스로 복습과 예습을 하려는 초등학생 및 기초가 부족한 중학 저학년
③ 수학의 기초를 다시 배우고 싶거나 두뇌 회전력을 키우고 싶은 성인

초등 수학 참고서는 셀 수 없을 정도로 많습니다. 하지만 그 중에서 '이보다 더 좋은 참고서는 없다고 인정받는 최고의 책'을 만들겠다는 생각으로 이 책을 쓰게 되었습니다.

수많은 초등 수학 참고서 중에서 최고의 책으로 만들기 위해, 다음과 같은 7가지 장점을 적용해서 썼습니다.

> 1 _ 각 단원에 꼭 가르쳐야 할 핵심 포인트 를 수록
> 2 _ 학교에서는 가르치지 않는 풀이 방법을 수록
> 3 _ 가정 학습 효과를 극대화하는 공부법을 수록
> 4 _ 학습 순서에 맞춘 친절한 해설
> 5 _ 용어의 의미를 정확히 알 수 있도록 '색인'을 수록
> 6 _ 학습 범위와 수준을 초등학교 교과서에 맞춤
> 7 _ 초등 1학년이 배우는 덧셈, 뺄셈부터 수록

스스로 깨달아야만 '공부의 즐거움'을 느낄 수 있습니다.

아이가 수학에 약하거나 수학 때문에 힘들어하나요? 이 책을 통해 하나씩 배워 간다면 수학이 가장 자신 있는 과목이 될 것입니다. 또한 아이가 이 책을 통해서 수학의 재미를 조금씩 알아 간다면 시험 성적이 놀라울 정도로 올라갈 것입니다.

초등수학 6년 핵심 개념을 '한 권으로 끝내는' 이 책의 7가지 장점

1 각 단원마다 ⚡ 꼭 가르쳐야 할 핵심 포인트 를 수록

"아이들에게 수학을 어떻게 가르쳐야 좋을지 모르겠어요."

"시간을 들여서 가르쳐도 아이의 성적이 오르지 않아요."

"아이가 질문을 해도 정확하게 가르쳐 줄 수가 없어요."

이처럼 초등학생 자녀를 둔 학부모의 고민은 끝이 없습니다. 그래서 저는 15년 이상의 수학 강사 경험을 바탕으로 '성적이 오르는 학습 지도법', '포기하기 쉬운 부분' 등 수학을 가르칠 때 반드시 알아야 할 핵심 포인트를 모든 단원에 수록했습니다.

2 학교에서는 가르치지 않는 풀이 방법을 수록

이 책은 초등학생 자녀를 둔 학부모가 아이를 가르치는 것은 물론 예습·복습을 하려는 초등학생, 수학의 기초가 부족한 중학생이 스스로 공부할 수 있도록 구성되었습니다.

⚡ 꼭 가르쳐야 할 핵심 포인트 에는 각 단원의 개념을 완벽히 이해하기 위한 중요 포인트, 문제를 풀 때 실수를 줄이는 법 등 학교에서 가르쳐 주지 않는 비법을 수록하였습니다. 또한 아이가 수학 공부를 즐겁게 할 수 있도록 재미 있는 수학 상식도 수록하였으니 아이를 가르칠 때 활용하시기 바랍니다.

3 가정 학습의 효과를 극대화

집에서 공부를 잘 하는 학생일수록 수학 시험에서 높은 점수를 받는다는 조사 결과가 있습니다.

(일본 문부과학성에서 실시한 '전국 학력·학습 상황 조사 결과' 발표 자료)

많은 학생들을 지도해 온 제 경험에 비추어 볼 때도 충분히 근거 있는 조사 결과라고 단언할 수 있습니다. 그렇다고 해서 초등학생이 혼자 스스로 학습하는 데는 한계가 있습니다. 초등학생이 집에서 공부할 때는 부모의 도움이 절대적으로 필요합니다. 아이들이 가정 학습을 습관화하는데 이 책이 든든한 버팀목이 되어 줄 것입니다.

4 학년별 학습 순서에 맞춘 친절한 해설

수학을 공부하면 논리적인 사고력을 키울 수 있습니다. 'A니까 B, B니까 C, C니까 D'라는 순서대로 답을 찾아가는 과정이 필요하기 때문입니다.

이 책은 논리적으로 수학을 배울 수 있도록 '처음부터 순서대로 읽기만 하면 완벽히 이해할 수 있는' 방식으로 구성으로 되어 있습니다. 또한 공부하는 학생이 이해하기 쉽도록 친절하게 해설하려고 노력했습니다. 아무리 간단한 계산도 중간 풀이 과정을 하나도 빠뜨리지 않고 해설했습니다.

5 용어의 의미를 정확히 알 수 있도록 '색인'을 수록

수학을 공부할 때는 용어의 의미를 정확하게 알아 두는 것이 매우 중요합니다.

예를 들면, '평행사변형과 사다리꼴의 차이는?'이라는 질문에 '평행사변형은 평행한 사각형이고, 사다리꼴은 이런 형태……'라고 애매한 답을 쓰면 점수를 받을 수 없습니다.

진정한 의미에서 초등 수학을 마스터하려면 수학에서 사용하는 용어와 그 의미를 정확히 알아야 합니다. 그래서 이 책에서는 용어의 의미를 알기 쉽게 해설하였고, 언제든지 찾아볼 수 있도록 색인을 수록했습니다. 이 책을 읽는 것만으로도 '수학 용어를 설명할 수 있는 힘'을 키울 수 있습니다.

6 학습 범위와 수준을 초등학교 교과서와 동일하게

이 책에서 다루는 예제와 연습문제는 초등학교 교과서 범위에 맞춘 내용으로 구성되어 있습니다. '부채꼴의 길이와 넓이', '나그네 셈', '비례식' 3개 단원은 확장된 내용을 담고 있지만, 그 외의 56개 단원은 교과서의 범위와 크게 다르지 않습니다. 다만 '선대칭과 점대칭', '소수' 등 중학 수학에 포함되는 단원은 심화 학습으로 다루어 해설했습니다.

7 초등학교 1학년이 배우는 덧셈, 뺄셈부터 해설

예를 들어 초등학교 1학년이 배우는 '8 + 7 = '와 같은 문제를 자녀에게 어떻게 가르칩니까? 그림을 그리고, 구슬을 사용하고, 손가락을 사용하는 등 다양한 방법이 있지만, 가장 이해하기 쉬운 방법으로 가르쳐 주고 싶은 게 부모의 마음이겠지요? 그래서 이 책에서는 '아이가 가장 이해하기 쉽게 가르치는 방법'을 엄선하여 1학년이 배우는 덧셈, 뺄셈부터 친절하게 해설했습니다.

이 책을 활용하는 방법

1. 각 단원마다 배울 분야를 표시
2. 각 단원에서 학습할 내용을 표시
3. 초등학교 교과서에서 배우는 내용을 학년별로 표시
4. 각 단원에서 배울 핵심 포인트를 표시

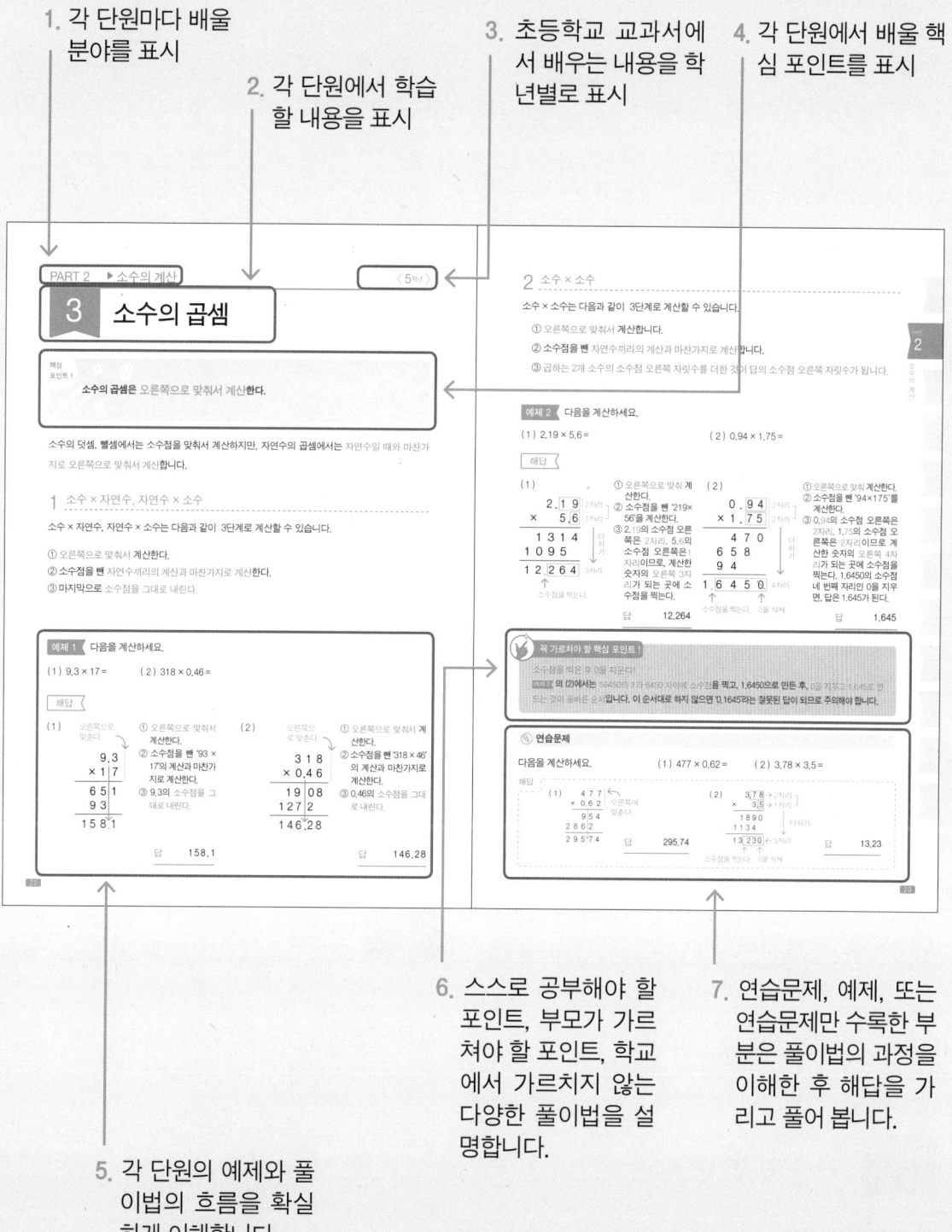

5. 각 단원의 예제와 풀이법의 흐름을 확실하게 이해합니다.
6. 스스로 공부해야 할 포인트, 부모가 가르쳐야 할 포인트, 학교에서 가르치지 않는 다양한 풀이법을 설명합니다.
7. 연습문제, 예제, 또는 연습문제만 수록한 부분은 풀이법의 과정을 이해한 후 해답을 가리고 풀어 봅니다.

※ 〈2학년, 4학년〉이라는 표시는 '2학년과 4학년'이 배우는 내용을 나타냅니다.
  〈2학년~4학년〉이라는 표시는 '2학년, 3학년, 4학년'에서 배우는 내용을 나타냅니다.

차례

머리글 ··· 2

초등수학 6년 핵심 개념을 한 권으로 끝내는
이 책의 7가지 장점 ························· 3

이 책을 활용하는 방법 ···················· 5

PART 1 자연수의 계산

1. 자연수의 덧셈〈1학년~3학년〉············ 8
2. 자연수의 뺄셈〈1학년~3학년〉··········· 10
3. 자연수의 곱셈〈2학년~4학년〉··········· 12
4. 자연수의 나눗셈〈3학년, 4학년〉········ 14
5. 계산 순서(혼합 계산)〈4학년〉············ 16

PART 2 소수의 계산

1. 소수란?〈3학년〉··························· 18
2. 소수의 덧셈과 뺄셈
   〈4학년〉··································· 20
3. 소수의 곱셈〈5학년〉······················ 22
4. 소수의 나눗셈〈5학년〉··················· 24
5. 나머지가 나오는 소수의 나눗셈
   〈5학년, 6학년〉···························· 26

PART 3 약수와 배수

1. 약수란?〈5학년〉··························· 28
2. 공약수와 최대공약수〈5학년〉············ 30
3. 배수란?〈5학년〉··························· 32
4. 공배수와 최소공배수〈5학년〉············ 34
5. 짝수와 홀수, 소수〈5학년〉··············· 36

PART 4 분수의 계산

1. 분수란?〈3학년, 4학년〉·················· 38
2. 약분과 통분〈5학년〉······················ 40
3. 분수와 소수의 변환〈5학년〉············· 42
4. 대분수의 받아올림과 받아내림
   〈4학년〉··································· 44
5. 분모가 같은 분수의 덧셈과 뺄셈
   〈4학년〉··································· 46
6. 분모가 다른 분수의 덧셈과 뺄셈
   〈5학년〉··································· 48
7. 분수의 곱셈〈5학년, 6학년〉············· 50
8. 분수의 나눗셈〈5학년, 6학년〉··········· 52

PART 5 평면 도형

1. 다양한 사각형
   〈2학년, 4학년, 5학년〉··················· 54
2. 사각형의 면적〈4학년, 5학년〉··········· 56
3. 다양한 삼각형〈2학년, 3학년, 5학년〉··· 58
4. 삼각형의 넓이〈5학년〉··················· 60
5. 다각형이란?〈4학년〉······················ 62
6. 원주의 길이와 넓이
   〈3학년, 5학년, 6학년〉··················· 64

7. 부채꼴의 호의 길이와 넓이 〈6학년·확장〉 ······ 66
8. 선대칭이란? 〈5학년〉 ······ 68
9. 점대칭이란? 〈5학년〉 ······ 70
10. 확대도와 축소도 〈5학년·확장〉 ······ 72

PART 6 입체 도형

1. 정육면체와 직육면체의 부피 〈4학년, 5학년〉 ······ 74
2. 들이란? 〈5학년〉 ······ 76
3. 각기둥의 부피 〈6학년〉 ······ 78
4. 원기둥의 부피 〈6학년〉 ······ 80

PART 7 단위량당 크기

1. 평균이란? 〈5학년〉 ······ 82
2. 단위량당 크기 〈5학년〉 ······ 84
3. 여러 가지 단위 〈2학년~6학년〉 ······ 86
4. 단위의 환산 〈2학년~6학년〉 ······ 88

PART 8 속도

1. 속도 표시법 〈6학년〉 ······ 90
2. 속도의 3공식 암기법 〈6학년〉 ······ 92
3. 나그네셈 〈6학년·확장〉 ······ 94

PART 9 비율

1. 비율 ① 〈6학년〉 ······ 96
2. 비율 ② 〈6학년〉 ······ 98
3. 백분율이란? 〈5학년〉 ······ 100
4. 할푼리 〈6학년〉 ······ 102
5. 비율 그래프 〈6학년〉 ······ 104

PART 10 비례

1. 비례란? 〈6학년〉 ······ 106
2. 비례를 간단하게 〈6학년〉 ······ 108
3. 비례식이란? 〈6학년·확장〉 ······ 110
4. 비례식 문제 〈6학년〉 ······ 112

PART 11 정비례와 반비례

1. 정비례란? 〈6학년〉 ······ 114
2. 정비례 그래프 〈6학년〉 ······ 116
3. 반비례란? 〈6학년〉 ······ 118
4. 반비례 그래프 〈6학년〉 ······ 120

PART 12 경우의 수

1. 순열 〈6학년·확장〉 ······ 122
2. 조합 〈6학년·확장〉 ······ 124

[찾아보기] ······ 126

PART 1 ▶ 자연수의 계산 ⟨1학년 ~ 3학년⟩

1 자연수의 덧셈

> **핵심 포인트!**
> 받아올림이 있는 덧셈은 **체리 계산법**으로 해결하자!

1 받아올림이 있는 덧셈

1, 2, 3, 4, 5 … 와 같은 수를 자연수라고 합니다.

초등학교 1학년이 가장 어려워 하는 계산이 받아올림이 있는 덧셈(뺄셈은 받아내림)입니다.

수를 계산하기 쉬운 덩어리로 나누어서 계산하는 체리 계산법으로 덧셈을 생각해 봅시다.
* 체리 계산법을 '가르기, 모으기' 계산법이라고도 합니다.

예제 1 다음을 계산하세요.

(1) 8 + 7 =   (2) 53 + 9 =

해답

▶ 체리 계산법

(1)   8 + 7 = 15

  8은 2를 더하면 10   ② ⑤

① 7 아래에 체리를 그리고, 7을 2와 5로 나누어 체리 안에 쓴다.
② 8과 2를 더하면 10
③ 10과 체리의 남은 5를 더해서 답은 15

답 15

▶ 체리 계산법

(2)   53 + 9 = 62

  53은 7을 더하면 60   ⑦ ②

① 9 아래에 체리를 그리고, 9를 7과 2로 나누어 체리 안에 쓴다.
② 53과 7을 더하면 60
③ 60과 체리의 남은 2를 더해서 답은 62

답 62

덧셈의 답을 '합(合)'이라고 합니다. 8과 7의 합은 15입니다.

꼭 가르쳐야 할 핵심 포인트!

체리 계산법에 익숙해지면…

체리 계산법을 배우지 않은 학부모님도 있겠지만, 초등학교에서는 체리 계산법(가르기, 모으기 계산법)을 배우고 있습니다. 아이가 '체리 계산법'에 어느 정도 익숙해지면 체리 계산법을 쓰지 않고 머릿속으로 생각해서 풀 수 있도록 지도해 주세요.

2 덧셈의 계산

예제 2 다음을 계산하세요.

(1)
```
   68
 + 75
 ─────
```

(2)
```
   983
 + 297
 ─────
```

해답

(1)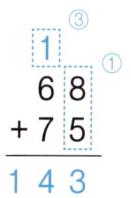

▶ 계산 방법
① 일 자리 8과 5를 더해서 13
② 13 중 일 자리 3만 아래에 쓴다.
③ 13 중 십 자리 1은 6 위에 쓴다.
④ 받아올림한 1과, 십 자리 6과 7을 더한 14를 아래에 쓴다.

답   143

(2)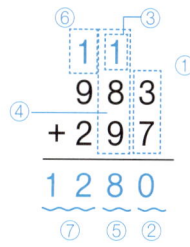

▶ 계산 방법
① 일 자리 3과 7을 더해서 10
② 10 중 일 자리 0만 아래에 쓴다.
③ 10 중 십 자리 1은 8의 위에 쓴다.
④ 받아올림한 1과 8과 9를 더해서 18
⑤ 18의 일 자리 8만 아래에 쓴다.
⑥ 18의 십 자리 1은 9 위에 쓴다.
⑦ 받아올림한 1과 9와 2를 더한 12를 아래에 쓴다.

답   1280

연습문제

다음을 계산하세요.

(1) 88 + 3 =

(2)
```
   757
 + 847
 ─────
```

해답

(1) 88 + 3 = 91      답   91

(2)
```
    1 1
    757
  + 847
  ─────
   1604
```
답   1604

PART 1 ▶ 자연수의 계산　　　〈 1학년 ~ 3학년 〉

2　자연수의 뺄셈

핵심 포인트!

뺄셈의 **체리 계산법**은 **2종류**가 있다!

1 받아올림이 있는 뺄셈

예제 1　다음을 계산하세요.

(1) 12 − 5 =　　　　　　　　　　(2) 84 − 9 =

해답

▶ 체리 계산법

(1)　12 − 5 = 7

（12에서 2를 빼면 10이 된다.）　② ③

① 5 아래에 체리를 그리고, 5를 2와 3으로 나누어 체리 안에 쓴다.
② 12에서 2를 빼면 10
③ 10에서 3을 빼면 답은 7

답　7

▶ 체리 계산법

(2)　84 − 9 = 75

（84에서 4를 빼면 800이 된다.）　④ ⑤

① 9 아래에 체리를 그리고, 9를 4와 5로 나누어 체리 안에 쓴다.
② 84에서 4를 빼면 80
③ 80에서 5를 빼면 답은 75

답　75

뺄셈의 답을 **차(差)**라고 합니다. 12와 5의 차는 7이 됩니다.

 꼭 가르쳐야 할 핵심 포인트!

뺄셈 체리 계산법은 다른 해법도 있어요!
뺄셈 체리 계산법에는 다른 해법이 있습니다. 오른쪽 예제와 같은 풀이법을 가르쳐 주세요.

예제 1
(1) (12 − 5 = ?) 의 경우

12 − 5 = 7
⑩ ②　　답　7

체리 계산법의 다른 해법
① 12 아래에 체리를 그리고 12를 10과 2로 나누고 체리 안에 쓴다.
② 10에서 5를 빼면 5
③ 5와 2를 더하면 답은 7

2 뺄셈의 계산

예제 2 다음을 계산하세요.

(1)   93
    −37

(2)   528
    −149

해답

(1)   ▶ 계산 방법

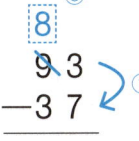

① 일 자리 3에서 7은 뺄 수 없다.
② 93의 십 자리 9에서 1을 빌려서 13-7=6을 아래에 쓴다.
③ 93의 십 자리 9는 1을 빌려주었기 때문에 8이 된다.
④ 십 자리 8에서 3을 뺀 5를 아래에 쓴다.

(2)   ▶ 계산 방법

① 일 자리 8에서 9는 뺄 수 없다.
② 528의 십 자리 2에서 1을 빌려서 18-9=9를 아래에 쓴다.
③ 십 자리 1에서 4는 뺄 수 없다.
④ 528의 백 자리 5에서 1을 빌려서 11-4=7을 아래에 쓴다.
⑤ 528의 백 자리 5에서 1을 빌려서 11-4=7을 아래에 쓴다.
⑥ 528의 백 자리 5는 1을 빌려주었기 때문에 4가 된다.
⑦ 백 자리 4에서 1을 뺀 3을 아래에 쓴다.

답   56

답   379

연습문제

다음을 계산하세요.

(1) 53 − 6 =

(2)   356
    −189

해답

(1) 53 − 6 = 47

답   47

(2)   2 4
      3̷ 5̷ 6
    −1 8 9
     1 6 7

답   167

PART 1 ▶ 자연수의 계산 ⟨2학년 ~ 4학년⟩

3 자연수의 곱셈

핵심 포인트! 곱셈 계산의 기본은 **받아올림을 해서 더하기**

예제 다음을 계산하세요.

(1)　　28
　　× 　7

(2)　　64
　　×　38

해답

(1)
```
      2 8
  ×     7  ↗ 곱하기
   ⁵
        6
```
① 먼저 '7 × 8 = 56'의 일 자리 6을 아래에 쓴다. 56의 십 자리 5는 **받아올림한다**. 익숙해질 때까지 5를 6의 왼쪽 위에 작게 쓴다.

```
      2 8
  ×     7  ↗ 곱하기
   ⁵
    1 9 6
```
② 다음으로 '7 × 2 = 14'의 14에 **받아올림 한 5를 더해서** 19가 된다. 이 19를 아래에 적고 답은 196이 된다.

답　196

(2)
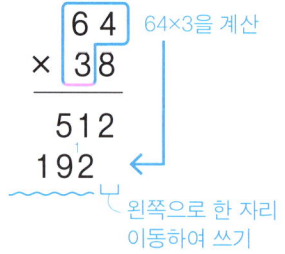

① 먼저 64×8을 계산하여 512를 아래에 쓴다.

② 다음으로 64×3을 계산한 후 192를 왼쪽으로 한 자리 이동하여 쓴다.

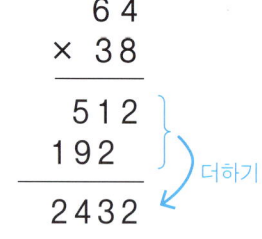

③ 위, 아래를 더한다.

답　2432

이와 같이 **받아올림한 수를 더해 나가는 것이 곱셈 계산의 기본**입니다.

연습문제

다음을 계산하세요.

(1)   381
    ×   5

(2)   795
    ×   26

해답

(1)
```
    381
  ×   5
  1905
```
답   1905

(2)
```
     795
  ×   26
    4770
   1590
   20670
```
답   20670

꼭 가르쳐야 할 핵심 포인트!

'0의 연속'에 주의!

예를 들면 '790 × 300 =?' 식을 계산할 때, 오른쪽과 같이 0을 연속으로 적어서 계산하는 아이가 있습니다.

```
      790
  ×   300
      000
     000
    2370
   237000
```
0이 너무 많음 → 실수의 원인!

이처럼 계산하는 방법이 틀린 것은 아니지만, 시간이 걸리고 복잡해져서 계산 실수의 원인이 됩니다. 이런 경우에는 **0 이외의 부분을 먼저 계산하는 방법**을 가르쳐 주세요.

---

0 이외의 부분을 먼저 계산하기

핵심 포인트는 0 이하를 오른쪽으로 치우기!

0이 연속으로 있는 계산식은 다음과 같은 방법으로 풀어 보세요.

오른쪽으로 치운다. →
```
  7 9|0
× 3 0|0
```

79×3 을 계산
```
  7 9|0
× 3|0 0
  2 3 7
```

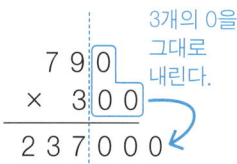
3개의 0을 그대로 내린다.
```
  7 9|0
× 3|0 0
  2 3 7|0 0 0
```

① 0 이하를 오른쪽으로 치운다(세로선을 그으면 알기 쉽다.)

② '79 × 3'을 먼저 계산한 결과 237을 아래에 쓴다.

③ 오른쪽으로 치운 3개의 0을 그대로 내린다.

이렇게 계산하면 '790 × 300 = 237000'이 됩니다.

0을 많이 쓰지 않아도 되므로 **더 빠르고 정확하게 계산할 수 있습니다.**

PART 1 ▶ 자연수의 계산 ⟨ 3학년, 4학년 ⟩

4 자연수의 나눗셈

> **핵심 포인트!** 나눗셈의 **나머지**는 **나누는 수**보다 **작은 것**이 원칙

먼저 나눗셈에 나오는 다음 네 가지 이름을 기억하세요.

$$7 \div 2 = 3 \text{ 나머지 } 1$$

↑ 나누어지는 수   ↑ 나누는 수   ↑ 몫   ↑ 나머지

예제 1 다음을 계산하세요.

$45 \div 9 =$

해답

답을 □라고 하면 '$45 \div 9 = $□'가 됩니다.
'$45 \div 9 = $□'는 45 중에 9가 □개 있다는 의미이므로, '$9 \times $□$ = 45$'라는 식으로 변형할 수 있습니다.
9에 어떤 수를 곱하면 45가 되는지 구구단을 떠올려 보면 □는 5가 됩니다.

답 5

연습문제

다음을 계산하세요.

$35 \div 5 =$

해답

답을 □라고 하면 '$35 \div 5 = $□'가 됩니다. '$35 \div 5 = $□'는 35 중에 5가 □개 있다는 의미이므로 '$5 \times $□$ = 35$'라는 식으로 변형할 수 있습니다. 5에 무엇을 곱하면 35가 되는지, 구구단을 떠올려보면 □는 7이라는 것을 알 수 있습니다.

답 7

예제 2 다음 계산을 하세요. 나머지가 나올 경우에는 나머지도 구해 보세요.

(1) 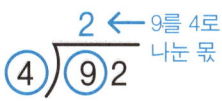   (2) 23) 83

해답

(1)

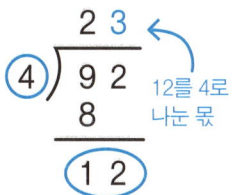

① 92의 십 자리 9를 4로 나누었을 때의 몫은 2. 이 몫 2를 십 자리에 세운다.

② 2와 '나누는 수 4'를 곱한 8을 9 아래에 쓴다.

③ 9에서 8을 뺀 1을 아래에 쓰고, 92의 일 자리 2를 내린다.

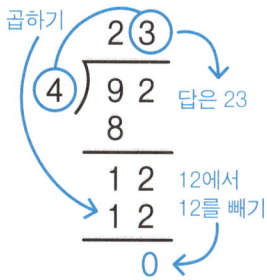

④ 12를 4로 나누었을 때의 몫은 3. 몫 3을 일 자리에 세운다.

⑤ 3과 나누는 수 4를 곱한 12를 12 아래에 쓴다. 12에서 12을 빼면 0이므로, 나머지는 없다.

답   23

(2)

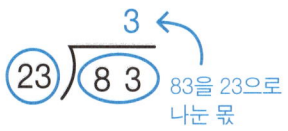

① 83을 23으로 나누었을 때의 몫이 무엇이 되는지 어림하여 몫에 3을 세운다.

② 3과 '나누는 수 23'을 곱한 69를 쓴다.

③ 83에서 69를 뺀 14를 아래에 쓴다. 이 14가 나머지가 된다.

답   3, 나머지 14

 꼭 가르쳐야 할 핵심 포인트!

어림이 틀렸을 때의 대처법

예제 2 의 (2)와 같이 나눗셈 계산에서는 몫을 얼마나 잘 어림하여 쓰느냐가 중요합니다. 어림이 익숙해질 때까지 고생하는 아이가 많습니다. 어림이 틀렸을 때는 오른쪽과 같이 대처하면 됩니다.

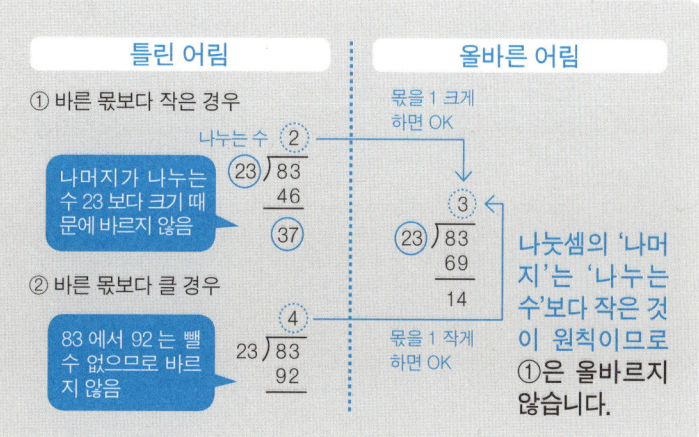

PART 1 ▶ 자연수의 계산

5 계산 순서(혼합 계산)

핵심 포인트! 다음 순서로 계산하세요!
( ) 괄호 ⇒ × ÷ ⇒ + −

계산 순서에서 중요한 것은 다음 세 가지입니다.

① 보통은 **왼쪽부터** 계산한다.
② **× ÷** 는 **+ 와 − 보다 먼저** 계산한다.
③ **괄호가 있는 식**에서는 ( ) 안을 **가장 먼저** 계산한다.

예제 다음을 계산하세요.

(1) $6 + 8 \div 2 \times 3 =$

(2) $96 - (20 - 10 \div 2) \times 5 =$

해답

(1) 계산 순서대로 ①부터 번호를 붙입니다.

$6 + 8 \div 2 \times 3 =$
　③　①　②

① ~ ③의 순시대로 계산하면 다음과 같이 됩니다.

$6 + 8 \div 2 \times 3$
$= 6 + 4 \times 3$　　8÷2를 계산
$= 6 + 12$　　4×3을 계산
$= 18$

(2) 계산 순서대로 ①부터 번호를 붙입니다.

$96 - (20 - 10 \div 2) \times 5 =$
　　④　　②　①　③

① ~ ④의 순서대로 계산하히면 다음과 같이 됩니다.

$96 - (20 - 10 \div 2) \times 5$
$= 96 - (20 - 5) \times 5$　　10÷2를 계산
$= 96 - 15 \times 5$　　20−5를 계산
$= 96 - 75$　　15×5를 계산
$= 21$

답　　18

답　　21

꼭 가르쳐야 할 핵심 포인트!

계산 순서에 익숙하지 않은 아이를 위해서

계산 순서에 익숙하지 않은 아이에게는 예제의 해답과 같이 × ÷ + - 의 아래에 계산 순서 번호를 붙인 후, 계산하도록 하면 좋습니다. 먼저 ①에서 번호를 붙이고, 순서가 올바른지를 부모님이 확인한 후, 자녀에게 계산하도록 하는 것도 하나의 방법입니다.

연습문제

다음을 계산하세요.

(1) 3×17 - 72÷18 =   (2) 23 + (15 - 9) ÷ (1 + 5×1) =

해답

(1) 계산 순서대로 ①부터 번호를 붙인다.

3×17 - 72÷18 =
 ①   ③ ②

①~③의 순서대로 계산하면 다음
과 같이 됩니다.

3×17 - 72÷18
= 51 - 72÷18   ) 3×17을 계산
= 51 - 4   ) 72÷18을 계산
= 47

답 __47__

(2) 계산 순서대로 ①부터 번호를 붙인다.

23 + (15 - 9) ÷ (1 + 5×1) =
      ⑤   ①   ④ ③ ②

①~⑤의 순서대로 계산하
면 다음과 같이 됩니다.

23 + (15 - 9) ÷ (1 + 5×1)
= 23 + 6÷(1 + 5×1)   ) 15 - 9를 계산
= 23 + 6÷(1 + 5)   ) 5×1을 계산
= 23 + 6÷6   ) 1 + 5를 계산
= 23 + 1   ) 6÷6을 계산
= 24

답 __24__

재미있는 수학 게임   드라이브 중에 숫자 게임

드라이브 중에 앞 차량 번호판을 보면서 아이에게 이런 문제를 내 보세요.
"앞 차 번호는 '9312'지? 네 개의 수 사이에 '+ - × ÷'를 넣어서 '10'이라는 답이 나오도록 만들어 볼래?"
"괄호를 사용해도 좋아!"
이런 게임은 즐거운 퀴즈가 될 뿐만 아니라, 수학 훈련도 됩니다. 실제로 같은 문제가 유명 사립중학교 입시 문제로 출제되었습니다.

※ 참고로 숫자 '9, 3, 1, 2'는 '9+(3-1)÷2=10', '9+3-1×2=10'이라는 답을 생각할 수 있습니다.

PART 2 ▶ 소수의 계산　　　　　　　　　　　　　　　〈 3학년 〉

1 소수란?

> **핵심 포인트!** 소수점 이하 자리 읽는 법 두 가지를 기억하자!

1 소수란?

0.3, 0.51, 10.257 등의 수를 **소수**라고 합니다. '. (점)'을 **소수점**이라고 합니다.

1을 10개로 나누었을 때 1개를 0.1이라고 합니다.

1을 100개로 나누었을 때 1개는 0.01, 1을 1000개로 나누었을 때 1개는 0.001입니다.

2 소수 자리 읽는 법

소수점 이하의 자리는 각각 다음과 같이 부릅니다.

다음과 같이 분수를 사용해서 읽는 방법도 있습니다.

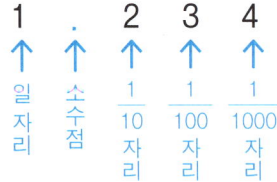

꼭 가르쳐야 할 핵심 포인트!

분수로 읽는 방법도 확실히 알아 두자

'소수점 첫째 자리, 소수점 둘째 자리…'라고 읽는 법은 친숙하지만, 분수를 사용해서 읽는 법은 잘 모르는 아이가 있습니다. 1/10 자리, 1/100 자리와 같이 분수를 사용해서 읽는 법은 학교에서 배우고, 시험에도 출제됩니다. 소수 자리 읽는 법 두 가지를 알아 두세요.

* 소수점 읽는 방법 : 0.1은 '영점 일', 0.01은 '영점 영일', 0.001은 '영점 영영일'이라고 읽는다.

3 소수의 구조

1, 0.1, 0.01, 0.001의 관계는 다음과 같습니다.

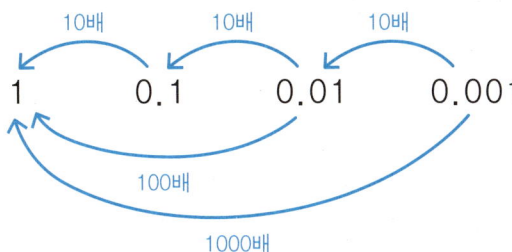

예제 다음 (가)~(나)에 맞는 수를 각각 답하세요.

(1) 5.84는 1을 가개, 0.1을 나개, 0.01을 다개 합한 수입니다.
(2) 1.08은 0.01을 라개 모은 수입니다.

해답

(1) 5.84는 1을 5개, 0.1을 8개, 0.01을 4개 합한 수입니다.

답   가 5   나 8   다 4

(2) 1.08은 0.01을 108개 모은 수입니다.

답   라 108

연습문제

다음 (가)~(마)에 해당하는 수를 각각 답하세요.

(1) 8.621은 1을 가개, 0.1을 나개, 0.01을 다개, 0.001을 라개 합한 수입니다.
(2) 5는 0.001을 마개 모은 수입니다.

해답

(1) 8.621은 1을 8개, 0.1을 6개, 0.01을 2개, 0.001을 1개 합한 수입니다.

답   가 8   나 6   다 2   라 1

(2) 5는 0.001을 5000개 모은 수입니다.

답   마 5000

PART 2 ▶ 소수의 계산 ⟨4학년⟩

2. 소수의 덧셈과 뺄셈

핵심 포인트! 소수의 덧셈, 뺄셈은 **소수점을 맞춰서 계산**한다.
그 외에는 자연수의 계산과 거의 똑같다.

1 소수의 덧셈

예제 1 다음을 계산하세요.

(1) 5.3 + 2.6 =   (2) 0.79 + 12.3 =

해답

(1) 소수점을 맞춘다.
```
   5.3
 + 2.6
 ─────
   7.9
```
① 소수점을 맞춰서 계산한다.
② '53 + 26'을 계산하는 것과 마찬가지로 계산한다.
③ 소수점을 그대로 내려서 7과 9 사이에 소수점을 찍는다.

답 7.9

(2) 소수점을 맞춘다.
```
    0.79
 + 12.30   ← 0을 붙인다.
 ──────
   13.09
```
① 소수점을 맞춰서 계산한다.
② 12.3은 12.30으로 쓰고 계산한다.
③ '79 + 1230'을 계산하는 것과 마찬가지로 계산한다.
④ 소수점을 그대로 내려서 3과 0 사이에 소수점을 찍는다.

답 13.09

연습문제 1

다음을 계산하세요.

(1) 5.94 + 4.56 =   (2) 9.8 + 25.395 =

해답

(1) 소수점 맞추기
```
   5.84
 + 4.56
 ─────
  10.40  ← 0을 지우기
```
답 10.4

(2) 소수점 맞추기
```
    9.8
 +25.395
 ──────
  35.195
```
답 35.195

꼭 가르쳐야 할 핵심 포인트!

0이 없어지는 것에 주의하세요!

〈연습문제 1〉에서 (1)번 문제의 계산 결과는 '10.40'이 됩니다. 이때 답을 10.40으로 쓰지 않도록 주의해야 합니다. 소수점 둘째 자리의 0을 없앤 10.4가 올바른 답입니다. 소수의 뺄셈에서도 똑같이 합니다.

2 소수의 뺄셈

예제 2 다음을 계산하세요.

(1) 7.1 − 5.3 =

(2) 9.6 − 3.89 =

해답

(1) 소수점을 맞춘다.

```
   7.1
 − 5.3
 -----
   1.8
```

① 소수점을 맞춰서 계산한다.
② '71 − 53'을 계산하는 것과 마찬가지로 계산한다.
③ 소수점을 그대로 내려서 1과 8 사이에 소수점을 찍는다.

답   1.8

(2) 소수점을 맞춘다.

```
   9.60  ← 0을 붙인다.
 − 3.89
 -----
   5.71
```

① 소수점을 맞춰서 계산한다.
② 9.6은 9.60으로 쓰고 계산한다.
③ '960 − 389'를 계산하는 것과 마찬가지로 계산한다.
④ 소수점을 그대로 내려서 5와 7 사이에 소수점을 찍는다.

답   5.71

연습문제 2

다음을 계산하세요.

(1) 4.06 − 2.16 =   (2) 13.4 − 3.88 =

해답

(1) 소수점 맞추기

```
   4.06
 − 2.16
 -----
   1.90  ← 0을 지움
```

답   1.9

(2) 소수점 맞추기

```
   13.40  ← 0을 붙임
 −  3.88
 ------
    9.52
```

답   9.52

PART 2 ▶ 소수의 계산   〈 5학년 〉

3 소수의 곱셈

> **핵심 포인트!**
> 소수의 곱셈은 **오른쪽으로 맞춰서 계산**한다.

소수의 덧셈, 뺄셈에서는 소수점을 맞춰서 계산하지만, 자연수의 곱셈에서는 **자연수일 때와 마찬가지로 오른쪽으로 맞춰서 계산**합니다.

1 소수 × 자연수, 자연수 × 소수

소수 × 자연수, 자연수 × 소수는 다음과 같이 3단계로 계산할 수 있습니다.

① **오른쪽으로 맞춰서** 계산한다.
② 소수점을 뺀 **자연수끼리의 계산과 마찬가지로 계산**한다.
③ 마지막으로 **소수점을 그대로 내린다.**

예제 1 다음을 계산하세요.

(1) 9.3 × 17 =   (2) 318 × 0.46 =

해답

(1)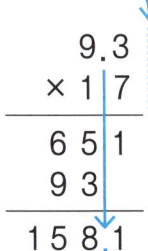

① 오른쪽으로 맞춰서 계산한다.
② 소수점을 뺀 '93 × 17'의 계산과 마찬가지로 계산한다.
③ 9.3의 소수점을 그대로 내린다.

답   158.1

(2)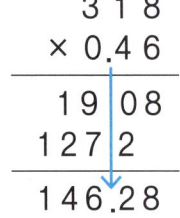

① 오른쪽으로 맞춰서 계산한다.
② 소수점을 뺀 '318 × 46'의 계산과 마찬가지로 계산한다.
③ 0.46의 소수점을 그대로 내린다.

답   146.28

2 소수 × 소수

소수 × 소수는 다음과 같이 3단계로 계산할 수 있습니다.

① **오른쪽으로 맞춰서** 계산합니다.
② 소수점을 뺀 **자연수끼리의 계산과 마찬가지로 계산**합니다.
③ 곱하는 2개 소수의 소수점 오른쪽 자릿수를 더한 것이 답의 소수점 오른쪽 자릿수가 됩니다.

예제 2 다음을 계산하세요.

(1) $2.19 \times 5.6 =$

(2) $0.94 \times 1.75 =$

해답

(1)
```
    2.19    2자리
  ×  5.6    1자리
  ─────
   1314
   1095
  ─────
   12.264   3자리
      ↑
   소수점을 찍는다.
```

① 오른쪽으로 맞춰 계산한다.
② 소수점을 뺀 '219×56'을 계산한다.
③ 2.19의 소수점 오른쪽은 2자리. 5.6의 소수점 오른쪽은 1자리이므로, 계산한 숫자의 오른쪽 3자리가 되는 곳에 소수점을 찍는다.

답 12.264

(2)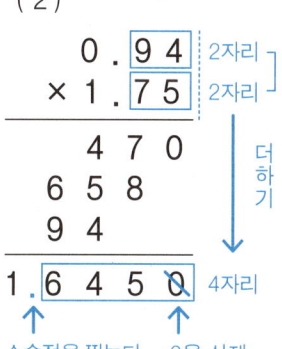

① 오른쪽으로 맞춰 계산한다.
② 소수점을 뺀 '94×175'를 계산한다.
③ 0.94의 소수점 오른쪽은 2자리. 1.75의 소수점 오른쪽은 2자리이므로 계산한 숫자의 오른쪽 4자리가 되는 곳에 소수점을 찍는다. 1.6450의 소수점 네 번째 자리인 0을 지우면, 답은 1.645가 된다.

답 1.645

 꼭 가르쳐야 할 핵심 포인트!

소수점을 찍은 후 0을 지운다!

예제 2 의 (2)에서는 16450의 1과 6450 사이에 소수점을 찍고, 1.6450으로 만든 후, 0을 지우고 1.645로 만드는 것이 올바른 순서입니다. 이 순서대로 하지 않으면 '0.1645'라는 잘못된 답이 되므로 주의해야 합니다.

연습문제

다음을 계산하세요. (1) $477 \times 0.62 =$ (2) $3.78 \times 3.5 =$

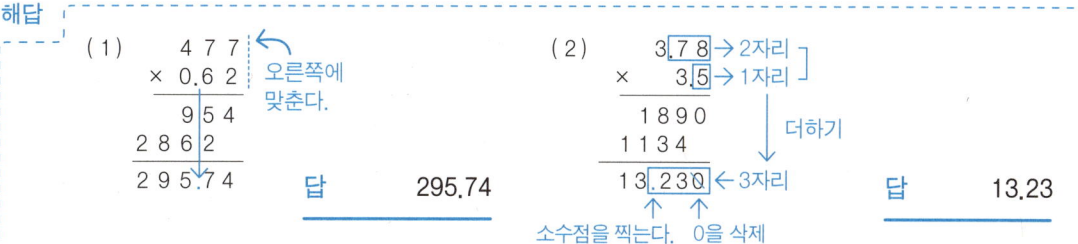

PART 2 ▶ 소수의 계산 ⟨5학년⟩

4 소수의 나눗셈

핵심 포인트!
- 자연수로 나눌 때 ⇒ 소수점을 **움직이지 않고** 계산한다.
- 소수로 나눌 때 ⇒ 소수점을 **움직여서** 계산한다.

1 소수 ÷ 자연수(자연수로 나눌 때)

소수를 자연수로 나눌 때, 소수점을 움직이지 않고 그대로 계산한다.

예제 1 다음 식을 나누어떨어질 때까지 계산하세요.

(1) $19.88 \div 7 =$　　　　(2) $32.7 \div 15 =$

해답

(1)
```
       2.84
    ┌──────
  7 )19.88
     14
     ──
      5 8
      5 6
      ───
        2 8
        2 8
        ───
          0
```
① 소수점을 떼어낸 '1988 ÷ 7'을 그대로 계산한다.
② 19.88의 소수점을 그대로 위로 올리면 답은 2.84가 된다.

답　2.84

(2)
```
       2.18
    ┌──────
 15 )32.70
     30
     ──
      2 7
      1 5
      ───
      1 2 0
      1 2 0
      ─────
          0
```
① 소수점을 뗀 '327 ÷ 15'를 그대로 계산한다.
② 32.7의 소수점 두 자리에 0을 붙여 32.70으로 만든 후, 0을 아래로 내려 계산한다.
③ 32.7의 소수점을 그대로 위로 올리면 답은 2.18이 된다.

나누어떨어질 때까지 0을 붙인다.

답　2.18

연습문제 1

다음을 계산하세요.　　(1) $5.34 \div 6 =$　　(2) $180.5 \div 38 =$

해답

(1)
```
       0.89
    ┌──────
  6 )5.34
     4 8
     ───
       5 4
       5 4
       ───
         0
```
답　0.89

(2)
```
        4.75
     ┌───────
  38 )180.50  ← 0을 붙인다.
      152
      ───
       28 5
       26 6
       ────
         1 9 0
         1 9 0
         ─────
             0
```
답　4.75

2 소수÷소수, 자연수÷소수(소수로 나눌 때)

소수로 나눌 때는 나누는 수의 소수점을 움직여서 자연수로 만든 후 계산합니다. 나누어지는 수의 소수점도 마찬가지로 움직입니다.

예제 2 다음 식을 나누어떨어질 때까지 계산하세요.

(1) 10 ÷ 0.8 =   (2) 3.768 ÷ 3.14 =

해답

(1)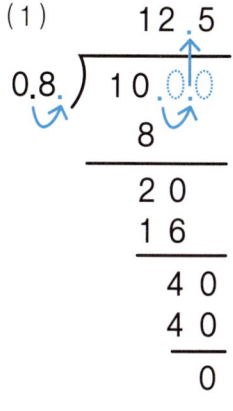

① 나누는 수인 0.8의 소수점을 한 자리 오른쪽으로 옮기고, 자연수 8로 만든다.
② 나누어지는 수인 10도 마찬가지로 소수점을 한 자리 오른쪽으로 옮기고, 100.으로 만든다.
③ '100 ÷ 8'을 나누어떨어질 때까지 계산한다.
④ 100.0의 소수점을 그대로 위로 올리면, 답은 12.5가 된다.

답   12.5

(2)

① 나누는 수 3.14의 소수점을 2자리 오른쪽으로 옮기고, 자연수 314로 만든다.
② 나누어지는 수인 3.768도 마찬가지로 소수점을 2자리 오른쪽으로 옮기고 376.8로 만든다.
③ '376.8÷314'를 나누어떨어질 때까지 계산한다.
④ 376.8의 소수점을 그대로 위로 올리면, 답은 1.2가 된다.

답   1.2

연습문제 2

다음을 계산하세요.   (1) 24 ÷ 3.2 =   (2) 45.297 ÷ 7.19 =

꼭 가르쳐야 할 핵심 포인트!

소수 나눗셈을 잘하려면?

소수 나눗셈의 포인트는 '소수점을 움직이는 방법'과 '계산 숫자에 소수점을 붙이는 방법'입니다. 이것만 확실히 알면 자연수의 나눗셈과 같습니다. 반복적으로 연습하여 소수점 다루는 방법에 익숙해지면 소수의 나눗셈도 잘할 수 있습니다.

PART 2 ▶ 소수의 계산 ⟨5학년, 6학년⟩

5. 나머지가 나오는 소수의 나눗셈

핵심 포인트! 나머지가 나오는 '소수 ÷ 소수'에서는 몫과 나머지의 소수점을 붙이는 방법이 다르므로 주의하자!

1. 나머지가 나오는 '소수 ÷ 자연수'

소수를 자연수로 나눌 때는 나누어지는 수의 소수점을 그대로 아래로 내린 후, 나머지에 소수점을 붙입니다.

예제 1 다음 식의 문제에 답하세요.

$50.1 ÷ 6 =$
(1) 몫을 한 자리까지 구하고, 나머지도 구하세요.
(2) 몫을 소수점 한 자리까지 구하고, 나머지도 구하세요.

해답

(1)
```
      8
   ┌─────
 6 ) 5 0 . 1
     4 8
     ─────
       2 . 1
```
① 몫을 한 자리까지 구하므로, 8에서 멈춘다.
② 50.1의 소수점을 그대로 아래로 내리면 나머지는 2.1이 된다.

답   8, 나머지 2.1

(2)
```
      8 . 3
   ┌─────
 6 ) 5 0 . 1
     4 8
     ─────
       2   1
       1   8
       ─────
         0 . 3
```
① 몫을 소수점 한 자리까지 구하므로, 8.3에서 멈춘다.
② 50.1의 소수점을 그대로 아래로 내리면 나머지는 0.3이 된다.

답   8.3, 나머지 0.3

연습문제 1

다음 식의 문제에 답하세요.

$81.5 ÷ 25 =$
(1) 몫을 한 자리까지 구하고, 나머지도 구하세요.
(2) 몫을 소수점 한 자리까지 구하고, 나머지도 구하세요.

해답

(1)
```
        3
     ┌─────
  25 ) 8 1 . 5
      7 5
      ─────
        6 . 5
```
답   3, 나머지 6.5

(2)
```
       3 . 2
     ┌─────
  25 ) 8 1 . 5
       7 5
       ─────
         6 5
         5 0
         ─────
           1 . 5
```
답   3.2, 나머지 1.5

2 나머지가 나오는 '소수 ÷ 소수'

▶ **'소수 ÷ 소수'에서 소수점 붙이는 방법**

몫에는 **소수점을 움직인 후** 나누어지는 수의 소수점을 그대로 위로 올리고 나서 소수점을 붙입니다.
나머지에는 **소수점을 움직이기 전**, 나누어지는 수의 소수점을 그대로 아래로 내린 후에 소수점을 붙입니다.

예제 2 다음 식에서 몫을 한 자리까지 구하고, 나머지도 구하세요.

$14.95 ÷ 5.2 =$

해답

```
         2
5.2)14.9.5
    10 4
     4.55
```
움직이기 전의 소수점을 내린다.

① 나누는 수 5.2의 **소수점을 한 자리 오른쪽으로 옮기고**, 자연수 52로 만든다.
② 나누어지는 수 14.95도 **소수점을 한 자리 오른쪽으로 옮겨** 149.5로 만든다.
③ 몫을 한 자리까지 구하므로 몫은 2에서 멈춘다.
④ 소수점을 움직인 후인 149.5가 아니라, **소수점을 움직이기 전**인 14.95의 소수점을 그대로 내리면 나머지는 4.55가 된다.

답　　2, 나머지 4.55

연습문제 2

예제 2의 식 '14.95÷5.2='에 대해서 몫을 소수점 한 자리까지 구하고, 나머지도 구하세요.

해답

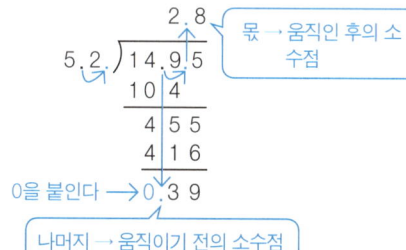

※ 소수점을 움직인 후인 149.5의 소수점을 그대로 위로 올리면, 몫은 2.8이 된다. 한편 **소수점을 움직이기 전**인 14.95의 소수점을 그대로 **아래로 내리면 나머지**는 0.39가 된다.

답　　2.8, 나머지 0.39

🕊 꼭 가르쳐야 할 핵심 포인트!

몫과 나머지에 소수점을 붙이는 방법이 다르다!
〈연습문제 2〉의 해답 ※에서도 설명했지만, 나머지가 나오는 '소수 ÷ 소수'의 계산에서는 몫과 나머지에 소수점을 붙이는 방법이 다릅니다. 틀리기 쉬운 부분이므로 확실하게 이해해야 합니다.

몫
→ **움직인 후의 소수점**을 그대로 위로 올린다.

나머지
→ **움직이기 전의 소수점**을 그대로 아래로 내린다.

PART 3 ▶ 약수와 배수　　〈5학년〉

1. 약수란?

> **핵심 포인트!**
> 약수를 빼먹지 않도록 **창살 안**에 넣자!

어떤 수를 나누어떨어지게 하는 수를 그 수의 약수라고 합니다.

예제 　12의 약수를 모두 쓰세요.

해법 1 　교과서에 따른 해법

12의 약수를 찾아보세요.

12를 나누어떨어지게 하는 수를 찾으면 다음과 같이 됩니다.

12 ÷ 1 = 12　　12 ÷ 2 = 6　　12 ÷ 3 = 4
12 ÷ 4 = 3　　12 ÷ 6 = 2　　12 ÷ 12 = 1

12는 1, 2, 3, 4, 6, 12로 나누어떨어집니다.

따라서 12의 약수는 1, 2, 3, 4, 6, 12임을 알 수 있습니다.

답　　1, 2, 3, 4, 6, 12

 꼭 가르쳐야 할 핵심 포인트!

약수를 빠뜨리지 말자

해법 1 은 말 그대로 '교과서적인 해법'입니다. 이런 해법에서는 모든 약수를 찾을 수 없고, 아래 답과 같이 약수를 빠뜨릴 수 있습니다. 아래 답처럼 6을 빠뜨리면 시험에서 △ 또는 ×를 받게 됩니다. 이와 같이 '약수를 빠뜨리는 경우'를 줄이려면 오른쪽의 **해법 2** 를 가르쳐 주세요.

답　　1, 2, 3, 4, 12

| 해법 2 | 창살 안에 가두는 해법

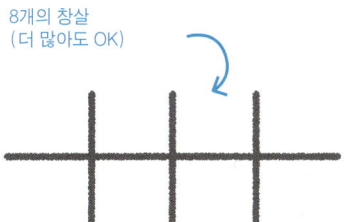

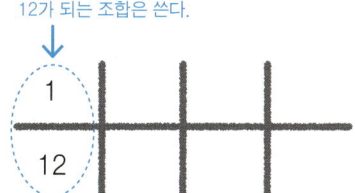

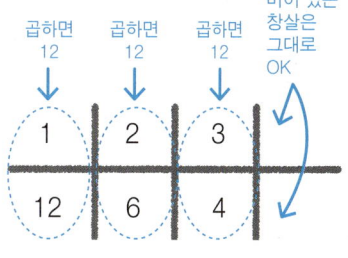

먼저 위와 같이 창살을 그려 주세요. 동물원에서 볼 수 있는 창살과 같은 이미지입니다. 창살은 여유 있게 많이 그려 주세요. 10개든 12개든 괜찮지만, 여기에서는 8개의 창살을 그립니다.

다음으로 곱하면 12가 되는 조합을 창살의 위와 아래에 써 주세요. 예를 들어 '1과 12'를 곱하면 '1 × 12=12'가 되므로 1과 12를 창살 위와 아래에 씁니다.

마찬가지로 곱하면 12가 되는 조합을 창살의 위 아래에 모두 쓰면 위와 같이 됩니다.

창살 안에 넣은 수가 12의 약수입니다. 따라서 답은 오른쪽과 같이 됩니다.

답   1, 2, 3, 4, 6, 12

| 해법 2 | 에서는 창살의 위와 아래에 2개씩 세트로 수를 써 나가기 때문에 **약수를 빠뜨리는 상황을 최대한 줄일 수 있습니다.**

연습문제

오른쪽 창살을 사용하여 36의 약수를 모두 쓰세요.

해답

곱하면 36이 되는 조합을 창살의 위, 아래에 모두 쓰면 오른쪽과 같이 됩니다.

6 × 6 = 36이므로 6은 하나만 써도 OK

창살 안에 들어간 수가 36의 약수이므로 답은 오른쪽과 같이 됩니다.

답   1, 2, 3, 4, 6, 9, 12, 18, 36

PART 3 ▶ 약수와 배수 ⟨ 5학년 ⟩

2 공약수와 최대공약수

> **핵심 포인트!**
> 공약수와 최대공약수는 **벤 다이어그램**으로 이해하자!

두 수의 약수를 두 수의 **공약수(공통약수)**라고 합니다.

공약수 중 가장 큰 수를 최대공약수라고 합니다.

예제 18과 24의 공약수를 구하세요.
그리고 18과 24의 최대공약수를 구하세요.

해답

18의 약수는 1, 2, 3, 6, 9, 18입니다.
24의 약수는 1, 2, 3, 4, 6, 8, 12, 24입니다.

18과 24의 공통약수, 즉 18과 24의 공약수는 1, 2, 3, 6임을 알 수 있습니다.

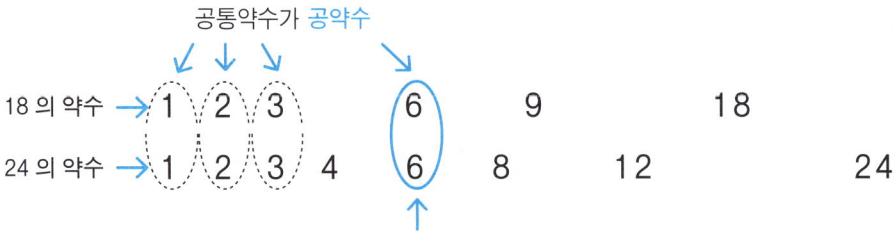

공약수 중에서도 가장 큰 수가 최대공약수

위와 같이 **공약수 중에서 가장 큰 수를 최대공약수**라고 합니다. 18과 24의 최대공약수는 6입니다.

답   공약수…1, 2, 3, 6   최대공약수… 6

18과 24의 공약수와 최대공약수를 벤 다이어그램 (수의 집합을 그림으로 나타낸 것)으로 나타내면 오른쪽과 같습니다.

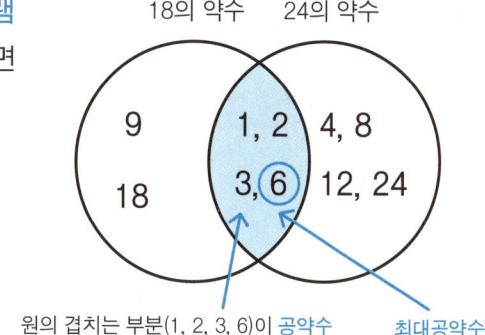

원의 겹치는 부분(1, 2, 3, 6)이 공약수   최대공약수

 꼭 가르쳐야 할 핵심 포인트!

벤 다이어그램을 직접 그려 보세요.

공약수와 최대공약수의 의미는 말 뿐만 아니라, 벤 다이어그램을 그려 시각화함으로써 이해의 폭이 넓어집니다. 수학 용어는 다양한 각도에서 생각해 봐야만 이해의 폭을 넓히고 응용력을 기를 수 있습니다. 아래의 연습문제도 벤 다이어그램을 그리면서 생각해 보세요.

연습문제

27과 45의 공약수를 모두 구하세요. 그리고 27과 45의 최대공약수를 구하세요.

해답

27의 약수는 1, 3, 9, 27입니다.
45의 약수는 1, 3, 5, 9, 15, 45입니다.
27과 45의 공통약수, 즉 **27과 45의 공약수는 1, 3, 9**임을 알 수 있습니다.
공약수인 1, 3, 9 중, 가장 큰 9가 최대공약수입니다.
이를 벤 다이어그램으로 나타내면 오른쪽과 같이 됩니다.

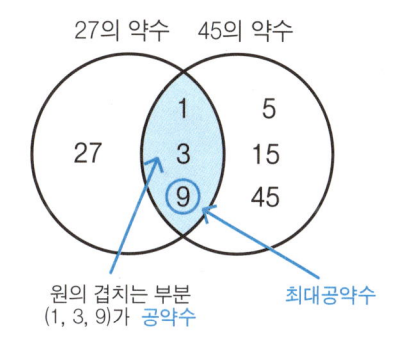

원의 겹치는 부분 (1, 3, 9)가 공약수   최대공약수

답   공약수…1, 3, 9   최대공약수…9

재미있는 수학 이야기 : 공약수는 최대공약수의 약수

연습문제 의 답은 27과 45의 공약수가 1, 3, 9, 최대공약수가 9였습니다. 여기에서 최대공약수 9인 약수에 주목하면, 이쪽도 1, 3, 9가 됩니다. **공약수는 '최대공약수의 약수'와 같아지는** 성질이 있습니다.

27과 45의 공약수   → 1, 3, 9 ⎫
최대공약수 9의 약수 → 1, 3, 9 ⎬ 같음

30쪽의 예제 에서도 같은 것이 성립되므로 확인해 주십시오.
참고로 **공배수도 최소공배수의 배수와 같아지는** 성질이 있습니다.

PART 3 ▶ 약수와 배수 ⟨5학년⟩

3 배수란?

> **핵심 포인트!**
> '~의 배수'는 '~로 나누어떨어지는 수'라고 바꿔 말할 수 있다.

어떤 수를 (1배, 2배, 3배…)한 수를 그 수의 **배수**라고 합니다.

예제 1 8의 배수를 작은 수부터 5개 답하세요.

해답

8을 (1배, 2배, 3배…) 하면 다음과 같이 됩니다.

8	16	24	32	40	48	……
↑	↑	↑	↑	↑	↑	
8×1	8×2	8×3	8×4	8×5	8×6	

작은 순서대로 5개를 답하면 되므로 8, 16, 24, 32, 40이 답이 됩니다.

답 8, 16, 24, 32, 40

예제 2 다음 수 중에서 7의 배수는 무엇일까요? 모두 답하세요.

50, 91, 111, 38, 126, 131

해답

각각의 수를 7로 나누었을 때 나누어떨어진 수가 7의 배수입니다.
각각을 7로 나누면 다음과 같이 됩니다.

50 ÷ 7 = 7 나머지 1   91 ÷ 7 = 13   111 ÷ 7 = 15 나머지 6
38 ÷ 7 = 5 나머지 3   126 ÷ 7 = 18   131 ÷ 7 = 18 나머지 5

위와 같이 7로 나누어떨어지는 91과 126이 7의 배수입니다.

답 91, 126

꼭 가르쳐야 할 핵심 포인트!

배수 문제인데 '나누는' 이유는?

배수에는 '배(倍)'라는 글자가 포함되어 있기 때문에 '곱셈'과 관계가 있을 것만 같습니다. 실제로 예제 1 에서는 곱셈을 사용하여 답을 구했습니다. 그러나 예제 2 에서는 나눗셈을 사용하여 답을 구했습니다, '7의 배수' = '7로 나누어떨어지는 수'이므로 나눗셈을 사용하여 구한 것입니다. '~의 배수' = '~로 나누어떨어지는 수'라고 바꿔 말할 수 있게 되면 자연스럽게 응용력을 키울 수 있습니다.

연습문제

다음 문제에 답하세요.

(1) 15의 배수를 작은 순서대로 5개 답하세요.

(2) 다음 수 중에서 6의 배수는 어느 것일까요? 모두 답하세요.

85, 50, 72, 282, 126

해답

(1) 15를 (1배, 2배, 3배……)하면 다음과 같이 됩니다.

15	30	45	60	75	……
↑	↑	↑	↑	↑	
15×1	15×2	15×3	15×4	15×5	

작은 순서대로 5개 대답하면 되므로, 답은 15, 30, 45, 60, 75입니다.

답 15, 30, 45, 60, 75

(2) 6의 배수는 6으로 나누어떨어지는 수입니다. 즉 각각의 수를 6으로 나누었을 때 나누어떨어지는 수가 6의 배수가 됩니다.

각각을 6으로 나누면

85 ÷ 6 = 14 나머지 1   72 ÷ 6 = 12
50 ÷ 6 = 8 나머지 2   282 ÷ 6 = 47
                          126 ÷ 6 = 21

위와 같이 6으로 나누어떨어지는 72, 282, 126이 6의 배수입니다.

답 72, 282, 126

재미있는 수학 이야기: 배수를 간단하게 구분하는 배수 판정법

'252는 3의 배수입니까?'라는 질문을 받았다면, 252를 3으로 나누고, '252 ÷ 3 = 84로 나누어떨어지므로 3의 배수'라는 답을 구할 수 있습니다. 사실은 '모든 자릿수를 더하여 3의 배수가 될 때 그 수는 3의 배수이다'라는 성질을 이용하면, 더 간단하게 풀 수 있습니다. 252의 모든 자리를 더하면 '2 + 5 + 2 = 9'입니다. 9는 3의 배수이므로 252는 3의 배수라는 것을 알 수 있습니다. 이와 같이 어떤 수의 배수인지 바로 구분할 수 있는 방법을 '배수 판정법'이라고 합니다.

* 2의 배수 판정법 : 끝 자리가 0, 2, 4, 6, 8이면 원래 수는 2의 배수이다. / * 4의 배수 판정법 : 끝 두 자리 수가 4의 배수이면 원래 수도 4의 배수이다. / * 5의 배수 판정법 : 끝 자리가 0 또는 5이면 원래 수는 5의 배수이다. / * 6의 배수 판정법 : 2의 배수이면서 동시에 3의 배수이면 원래 수는 6의 배수이다. / * 8의 배수 판정법 : 끝 세 자리의 수가 8의 배수이면 원래 수도 8의 배수이다. / * 9의 배수 판정법 : 각 자리의 수의 합이 9의 배수이면 원래 수도 9의 배수이다.

PART 3 ▶ 약수와 배수 〈5학년〉

4 공배수와 최소공배수

> **핵심 포인트!**
> 공배수와 최소공배수도 **벤 다이어그램**으로 이해하자!

두 수의 공통인 배수를 두 수의 **공배수**라고 합니다.
공배수 중에서 가장 작은 수를 **최소공배수**라고 합니다.

예제 2와 3의 공배수를 작은 순서대로 3개 답하세요. 그리고 2와 3의 최소공배수를 구하세요.

해답

먼저 2와 3의 공배수를 구합니다. 2의 배수와 3의 배수는 다음과 같습니다.

2의 배수   2, 4, 6, 8, 10, 12, 14, 16, 18, 20…
3의 배수   3, 6, 9, 12, 15, 18, 21…

2의 배수와 3의 배수에 공통적으로 들어 있는 '6, 12, 18…'이 2와 3의 공배수입니다.

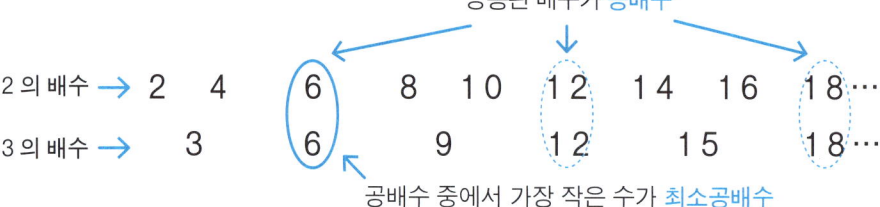

위와 같이 **공배수** 중에서
가장 작은 수를 **최소공배수**라고 합니다.
2와 3의 최소공배수는 6입니다.

답   공배수… 6, 12, 18   최소공배수… 6

2와 3의 공배수를 벤 다이어그램으로 나타내면 오른쪽과 같이 됩니다.

34

연습문제

10과 15의 공배수를 작은 순서대로 3개 구하세요.
그리고 10과 15의 최소공배수를 구하세요.

해답

10의 배수는 10, 20, 30, 40, 50, 60, 70, 80, 90… 입니다.
15의 배수는 15, 30, 45, 60, 75, 90… 입니다.
이 중에서 10과 15의 공배수(공통 배수)는 작은 순서대로 30, 60, 90입니다.
그리고 10과 15의 공배수 중에서 가장 작은 수는 30이므로 10과 15의 최소공배수는 30입니다.

이것을 벤 다이어그램으로 나타내면 오른쪽과 같이 됩니다.

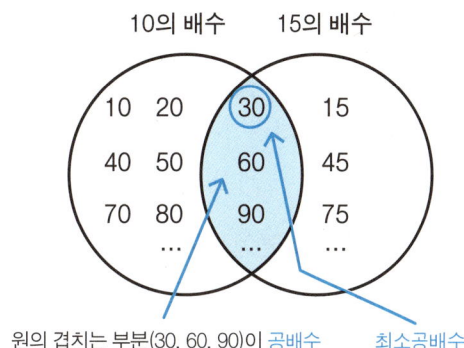

원의 겹치는 부분(30, 60, 90)이 공배수   최소공배수

답 공배수…30, 60, 90   최소공배수…30

 꼭 가르쳐야 할 핵심 포인트!

최대공약수와 최소공배수를 구분하자!
최대공약수와 최소공배수라는 두 가지 용어를 혼동하는 학생들이 많습니다.
'약수와 배수' 단원에서는 다음 여섯 가지 용어를 반드시 기억해 두어야 합니다.

약수 관련 용어 → 약수, 공약수, 최대공약수
배수 관련 용어 → 배수, 공배수, 최소공배수

최대공약수와 최소공배수 암기하는 방법

암호는 '세트로 외우기'

최대공약수와 최소공배수를 혼동하지 않으려면 약수 관련 세 가지 용어와 배수 관련 세 가지 용어를 각각 세트로 외워야 합니다.

1 세트
약수 → 공약수 (공통의 약수) → 최대공약수 (공약수 중에서 가장 큼)

1 세트
배수 → 공배수 (공통의 배수) → 최소공배수 (공배수 중에서 가장 큼)

PART 3 ▶ 약수와 배수 〈5학년〉

5 짝수와 홀수, 소수

> **핵심 포인트!**
> 짝수는 2로 나누어떨어지는 수
> 홀수는 2로 나누어떨어지지 않는 수

위의 핵심 포인트에 덧붙여 설명하면,
짝수는 2의 배수이며, 홀수는 2의 배수에 1을 더한 수라고 말할 수 있습니다.

예제 다음 수에 대해서 질문에 답하세요.

8, 11, 73, 1002, 0, 65

(1) 위 숫자 중에서 짝수는 어느 것입니까? 모두 대답해 주세요.
(2) 위 숫자 중에서 홀수는 어느 것입니까? 모두 대답해 주세요.

해답

(1) 8, 1002는 각각 2로 나누어떨어지므로 짝수입니다.
0도 짝수이므로 주의하세요.

답   8, 1002, 0

(2) 11, 73, 65는 각각 2로 나누어떨어지지 않으므로 홀수입니다.

답   11, 73, 65

꼭 가르쳐야 할 핵심 포인트!

짝수인지 홀수인지 바로 구분하는 방법
2로 나누어떨어지는지 아닌지를 확인하는 것이 번거로울 경우에는 한 자리에 주목하여 짝수인지 홀수인지 구분하는 방법을 기억해 두세요.

1의 자리 수가 0, 2, 4, 6, 8 중의 하나라면 짝수,
1의 자리 수가 1, 3, 5, 7, 9 중의 하나라면 홀수입니다.

이 방법이라면 91475라는 큰 수도 '한자리가 5이므로 홀수'라고 바로 구분할 수 있습니다.

예를 들면, 2의 약수는 1과 2뿐입니다. 또한 5의 약수는 1과 5뿐입니다. 2와 5와 같이 **1과 그 수 자신 밖에 약수가 없는 수를** 소수라고 합니다.

바꿔 말하면 **약수가 2개 밖에 없는 수를 소수**라고 할 수 있습니다. 1은 약수가 1 밖에 없으므로 소수가 아닙니다.

예를 들면, 1~20까지의 수 중에서 소수는 '2, 3, 5, 7, 11, 13, 17, 19'까지 모두 8개입니다.

연습문제

다음 수에 대해서 질문에 답하세요.

1, 2, 4, 15, 24, 29, 33

(1) 이 중에서 짝수는 어느 것입니까? 모두 답하세요.

(2) 이 중에서 홀수는 어느 것입니까? 모두 답하세요.

(3) 이 중에서 소수는 어느 것입니까? 모두 답하세요.

해답

(1) 2, 4, 24는 각각 2로 나누어떨어지는 짝수입니다. 답 2, 4, 24

(2) 1, 15, 29, 33은 각각 2로 나누어떨어지는 홀수입니다. 답 1, 15, 29, 33

(3) 약수가 2개 밖에 없는 수를 찾아보세요.
2의 약수는 1과 2, 2개이므로 소수입니다.
29의 약수는 1과 29, 2개이므로 소수입니다. 답 2, 29

재미 있는 수학 이야기 — 소수와 원주율의 불가사의한 관계

언뜻 보면 아무 관계도 없어 보이는 소수와 원주율. 그 불가사의한 관계를 발견한 것이 바로 수학자들입니다.
소수는 2, 3, 5, 7, 11…로 계속됩니다. 그 소수를 다음과 같이 계산해 나가면….

$$\frac{2 \times 2}{2 \times 2 - 1} \times \frac{3 \times 3}{3 \times 3 - 1} \times \frac{5 \times 5}{5 \times 5 - 1} \times \frac{7 \times 7}{7 \times 7 - 1} \times \frac{11 \times 11}{11 \times 11 - 1} \times \cdots$$

답은 $\frac{원주율 \times 원주율}{6}$ 이 됩니다.

소수와 원주율이 연관되어 있다니 신기하지 않나요?

PART 4 ▶ 분수의 계산 ⟨ 3학년 . 4학년 ⟩

분수란?

> **핵심 포인트!**
> 진분수, 가분수, 대분수의 차이점을 알아 두자!

1 분수란?

$\frac{1}{3}, \frac{3}{4}, \frac{7}{10}$ 과 같은 수를 **분수**라고 합니다.

예를 들면 $\frac{1}{3}$ 은 1을 3등분했을 때, 1개입니다. 또 $\frac{3}{4}$ 은 1을 4등분했을 때, 3개입니다.

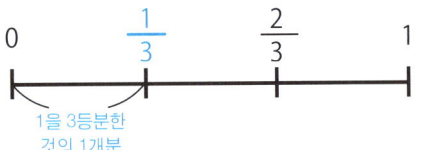
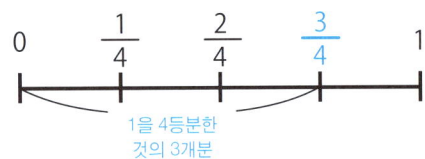

분수식의 가로줄 아래 수를 **분모**, 위의 수를 **분자**라고 합니다.

 꼭 가르쳐야 할 핵심 포인트!

분모와 분자를 구분하는 방법

엄마가 아이를 업고 있으므로
아래가 분모(엄마), 위가 분자(자녀)라고 가르치면
아이들이 쉽게 기억할 수 있습니다.

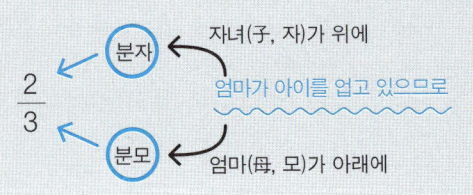

2 분수의 종류

분수에는 다음과 같은 세 가지 종류가 있습니다.

· **진분수**… $\frac{1}{2}$ 또는 $\frac{3}{4}$ 과 같이 분모가 분자보다 큰 분수

· **가분수**… $\frac{2}{2}$ 또는 $\frac{7}{3}$ 과 같이 분자가 분모와 같거나 분자가 분모보다 큰 분수

· **대분수**… $1\frac{1}{3}$ 또는 $5\frac{3}{4}$ 과 같이 **자연수와 진분수의 합으로 이루어진 분수**

        예를 들면 대분수 $5\frac{3}{4}$ 은 자연수 5와 진분수 $\frac{3}{4}$ 이 합해진 분수입니다.

3 가분수를 대분수 또는 자연수로 바꾸는 방법

먼저 '분자 ÷ 분모'를 계산하여 ① 나머지가 나오는 경우, ② 나누어떨어지는 경우에 따라 각각 다음과 같이 대분수 또는 자연수로 바꿉니다.

▶ ① 나머지가 나오는 경우

⇨ 대분수로 바꿈 (분자 ÷ 분모)를 계산하여 몫$\frac{나머지}{분모}$ 의 형태로 바꿈

(예) $\frac{7}{3}$ 을 대분수로 바꿈

7 ÷ 3 = 2 나머지 1
분자   분모   몫   나머지

↓

몫$\frac{나머지}{분모}$ 의 형태로

↓

$\frac{7}{3}$ = $2\frac{1}{3}$ ─ 나머지
(가분수) (대분수)   └ 분모는 그대로

▶ ② 나누어떨어지는 경우

⇨ 자연수로 바꿈 (분자 ÷ 분모)를 계산하여 몫의 자연수로 바꿈

(예) $\frac{35}{5}$ 를 자연수로 바꿈

35 ÷ 5 = 7
분자   분모   몫
            ↓ 그대로

$\frac{35}{5}$ = 7
(가분수) (자연수)

4 대분수를 가분수로 바꾸는 방법

대분수   가분수

$\square \frac{\triangle}{\bigcirc}$ = $\frac{\square \times \bigcirc + \triangle}{\bigcirc}$

(예) $3\frac{4}{5}$ 를 가분수로 바꿈

$3\frac{4}{5}$ = $\frac{3 \times 5 + 4}{5}$ = $\frac{19}{5}$

✋ 연습문제

다음 가분수를 대분수나 자연수로 바꾸세요. 그리고 대분수는 가분수로 바꾸세요.

(1) $\frac{22}{3}$　　(2) $\frac{30}{6}$　　(3) $2\frac{1}{4}$　　(4) $14\frac{2}{7}$

해답

(1) 22 ÷ 3 = 7 나머지 1
　　그러므로 $\frac{22}{3}$ = $7\frac{1}{3}$

(2) 30 ÷ 6 = 5
　　그러므로 $\frac{30}{6}$ = 5

(3) $2\frac{1}{4}$ = $\frac{2 \times 4 + 1}{4}$ = $\frac{9}{4}$

(4) $14\frac{2}{7}$ = $\frac{14 \times 7 + 2}{7}$ = $\frac{100}{7}$

PART 4 분수의 계산

PART 4 ▶ 분수의 계산 〈5학년〉

2. 약분과 통분

핵심 포인트!
약분 ⇒ 분모와 분자의 **최대공약수**로 나눈다.
통분 ⇒ 분모를 **최소공배수**로 맞춘다.

1. 약분이란?

약분은 분수의 분모와 분자를 공약수로 나누어 간단한 분수로 바꾸는 것을 말합니다.
분모와 분자의 최대공약수로 각각 나누면 가장 간단한 분수로 만들 수 있습니다.

예제 1 다음 분수를 약분하세요.

(1) $\dfrac{20}{24}$ (2) $\dfrac{35}{84}$

해답

(1) 분모 24와 분자 20의 **최대공약수는 4**입니다. 분모와 분자를 최대공약수 4로 나누면 다음과 같이 약분할 수 있습니다.

$$\dfrac{20}{24} = \dfrac{20 \div 4}{24 \div 4} = \dfrac{5}{6} \qquad 답\ \dfrac{5}{6}$$

(2) 분모 84와 분자 35의 **최대공약수는 7**입니다. 분모와 분자를 최대공약수 7로 나누면 다음과 같이 약분할 수 있습니다.

$$\dfrac{35}{84} = \dfrac{35 \div 7}{84 \div 7} = \dfrac{5}{12} \qquad 답\ \dfrac{5}{12}$$

연습문제

다음 분수를 약분하세요.

(1) $\dfrac{12}{30}$ (2) $\dfrac{54}{72}$

해답

(1) $\dfrac{12}{30} = \dfrac{12 \div 6}{30 \div 6} = \dfrac{2}{5}$

(2) $\dfrac{54}{72} = \dfrac{54 \div 18}{72 \div 18} = \dfrac{3}{4}$

2 통분이란?

통분은 분모가 다른 두 가지 이상의 분수를 분모가 같은 분수로 고치는 것입니다.
각 분모의 최소공배수를 분모로 하면 통분할 수 있습니다.

예제 2 다음 분수를 통분하세요.

(1) $\dfrac{3}{4}$, $\dfrac{5}{6}$ (2) $\dfrac{7}{20}$, $\dfrac{8}{15}$, $\dfrac{11}{30}$

해답

(1) 분모 4와 6의 최소공배수는 12입니다. 따라서 분모를 12로 맞추면 통분할 수 있습니다.

$$\dfrac{3}{4} = \dfrac{3 \times 3}{4 \times 3} = \dfrac{9}{12} \qquad \dfrac{5}{6} = \dfrac{5 \times 2}{6 \times 2} = \dfrac{10}{12}$$

답 $\dfrac{9}{12}$, $\dfrac{10}{12}$

(2) 분모 20과 15와 30의 최소공배수는 60입니다. 따라서 분모를 60으로 맞추면 통분할 수 있습니다.

$$\dfrac{7}{20} = \dfrac{7 \times 3}{20 \times 3} = \dfrac{21}{60} \qquad \dfrac{8}{15} = \dfrac{8 \times 4}{15 \times 4} = \dfrac{32}{60}$$

$$\dfrac{11}{30} = \dfrac{11 \times 2}{30 \times 2} = \dfrac{22}{60}$$

답 $\dfrac{21}{60}$, $\dfrac{32}{60}$, $\dfrac{22}{60}$

연습문제 2

다음 분수를 통분하세요.

(1) $\dfrac{7}{10}$, $\dfrac{17}{25}$ (2) $\dfrac{3}{8}$, $\dfrac{5}{12}$, $\dfrac{1}{6}$

해답

(1) $\dfrac{7}{10} = \dfrac{7 \times 5}{10 \times 5} = \dfrac{35}{50} \qquad \dfrac{17}{25} = \dfrac{17 \times 2}{25 \times 2} = \dfrac{34}{50}$ 답 $\dfrac{35}{50}$, $\dfrac{34}{50}$

(2) $\dfrac{3}{8} = \dfrac{3 \times 3}{8 \times 3} = \dfrac{9}{24} \qquad \dfrac{5}{12} = \dfrac{5 \times 2}{12 \times 2} = \dfrac{10}{24} \qquad \dfrac{1}{6} = \dfrac{1 \times 4}{6 \times 4} = \dfrac{4}{24}$ 답 $\dfrac{9}{24}$, $\dfrac{10}{24}$, $\dfrac{4}{24}$

꼭 가르쳐야 할 핵심 포인트!

통분하면 분수의 크기를 비교할 수 있어요!

연습문제 2 (1)의 $\dfrac{7}{10}$과 $\dfrac{17}{25}$은 언뜻 보기에 어느 쪽이 큰지 알 수 없습니다. 그러나 통분하여 $\dfrac{35}{50}$, $\dfrac{34}{50}$로 만들면 $\dfrac{7}{10}$이 크다는 것을 알 수 있습니다. 이처럼 통분하면 분수의 크기를 비교할 수 있다는 사실도 알아 두세요.

PART 4 ▶ 분수의 계산　　　　　　　　　　　　　　　〈 5학년 〉

3 분수와 소수의 변환

핵심 포인트!
분수를 소수로 바꾸려면 분자를 분모로 나누면 된다.

예제 1 다음 분수를 소수로 바꾸세요.

(1) $\dfrac{2}{5}$　　(2) $\dfrac{3}{4}$　　(3) $2\dfrac{3}{20}$

해답

(1) $\dfrac{2}{5}$ = 2 ÷ 5 = 0.4 〉 분자 ÷ 분모 형태로 바꿈 〉 2÷5를 계산함

(2) $\dfrac{3}{4}$ = 3 ÷ 4 = 0.75 〉 분자 ÷ 분모 형태로 바꿈 〉 3÷4를 계산함

(3) $2\dfrac{3}{20}$
= $2 + \dfrac{3}{20}$ 〉 대분수는 '자연수 + 분수'로 바꿈
= 2 + (3÷20) 〉 $\dfrac{3}{20}$을 '분자 ÷ 분모' 형태로 바꿈
= 2 + 0.15 〉 3÷20을 계산함
= 2.15

✏️ 연습문제 1

다음 분수를 소수로 바꾸세요.

(1) $\dfrac{7}{10}$　　(2) $\dfrac{7}{8}$　　(3) $12\dfrac{17}{25}$

해답

(1) $\dfrac{7}{10}$ = 7 ÷ 10 = 0.7　　　(2) $\dfrac{7}{8}$ = 7 ÷ 8 = 0.875

(3) $12\dfrac{17}{25}$ = 12 + (17 ÷ 25) = 12 + 0.68 = 12.68

꼭 가르쳐야 할 핵심 포인트!

자연수의 나눗셈의 몫은 분수로 나타낸다!

예제 1 (1) 에서는 $\frac{2}{5} = 2 \div 5$ 가 되는 것을 설명했습니다. 여기에서 =(등호)의 좌우를 거꾸로 한 $2 \div 5 = \frac{2}{5}$ 도 성립한다는 것을 알아 두세요. 즉 자연수의 나눗셈의 몫은 분수로 나타낼 수 있는 것입니다.

$$\boxed{\text{자연수}} \div \boxed{\text{자연수}} = \frac{\boxed{\text{자연수}}}{\boxed{\text{자연수}}}$$

(예) $2 \div 5 = \frac{2}{5}$

핵심 포인트! 소수를 분수로 바꾸려면 $0.1 = \frac{1}{10}$, $0.01 = \frac{1}{100}$, $0.001 = \frac{1}{1000}$ 이라는 것을 이용하자!

예제 2 다음 소수를 분수로 바꾸세요.

(1) 0.6   (2) 0.25   (3) 5.776

해답

(1) $0.1 = \frac{1}{10}$ 이므로, $0.6 = \frac{6}{10}$ 입니다. $\frac{6}{10}$ 을 약분하면 답은 $\frac{3}{5}$ 입니다.

(2) $0.01 = \frac{1}{100}$ 이므로, $0.25 = \frac{25}{100}$ 입니다. $\frac{25}{100}$ 를 약분하면 답은 $\frac{1}{4}$ 입니다.

(3) $5.776 = 5 + 0.776$ 이므로, 0.776을 분수로 바꿉니다.

$0.001 = \frac{1}{1000}$ 이므로, $0.776 = \frac{776}{1000}$ 입니다. $\frac{776}{1000}$ 을 약분하면 답은 $\frac{97}{125}$ 이 됩니다. $\frac{97}{125}$ 에 5를 더하면, 답은 $5\frac{97}{125}$ 입니다.

연습문제 2

다음 소수를 분수로 바꾸세요.

(1) 0.2   (2) 0.34   (3) 5.375

해답

(1) $0.2 = \frac{2}{10} = \frac{1}{5}$ (2) $0.34 = \frac{34}{100} = \frac{17}{50}$

(3) $5.375 = 5 + \frac{375}{1000} = 5 + \frac{3}{8} = 5\frac{3}{8}$

PART 4 ▶ 분수의 계산 ⟨4학년⟩

4 대분수의 받아올림과 받아내림

> **핵심 포인트!** 대분수의 받아올림과 받아내림을 알면
> 다음에 배울 '분수의 덧셈과 뺄셈'이 즐거워진다!

1 대분수란?

예를 들면 $2\frac{3}{4}$ 은 $2 + \frac{3}{4}$ 으로 변형할 수 있습니다.
이와 같이 **대분수는 자연수와 분수 사이에 + 가 생략된 형태**라는 것을 알아 두세요.

대분수 = 자연수 + 분수

$$○\frac{△}{□} = ○ + \frac{△}{□}$$

↑ +가 생략된 형태

2 대분수의 받아올림

예제 1 $5\frac{17}{10}$ 을 받아올림 하세요.

해답
$$5\frac{17}{10}$$
$$= 5 + \frac{17}{10}$$
$$= 5 + 1\frac{7}{10}$$
$$= 6\frac{7}{10}$$

- $5\frac{17}{10}$ 을 합의 형태로 만든다.
- $\frac{17}{10}$ 을 $1\frac{7}{10}$ 로 만든다.
- 5와 1을 더한다.

이와 같이 **대분수의 자연수 부분을 1 크게 하여 올바른 대분수로 고치는 것**을 '대분수의 받아올림'이라고 합니다.

✋ 연습문제 1

다음 분수를 받아올림 하세요.

(1) $6\frac{5}{4}$ (2) $20\frac{23}{16}$

해답
(1) $6\frac{5}{4} = 6 + \frac{5}{4} = 6 + 1\frac{1}{4} = 7\frac{1}{4}$ (2) $20\frac{23}{16} = 20 + \frac{23}{16} = 20 + 1\frac{7}{16} = 21\frac{7}{16}$

3 대분수의 받아내림

예제 2 $3\frac{1}{4}$ 을 받아내림 하세요.

해답
$$3\frac{1}{4}$$
$$= 2 + 1\frac{1}{4}$$ … 3을 2+1로 만든다.
$$= 2 + \frac{5}{4}$$ … $1\frac{1}{4}$ 을 $\frac{5}{4}$ 로 만든다.
$$= 2\frac{5}{4}$$ … $2+\frac{5}{4}$ 를 $2\frac{5}{4}$ 로 만든다.

이와 같이 대분수의 자연수 부분을 1 작게 하여 올바른 대분수로 고치는 것을 '**대분수의 받아내림**'이라고 합니다.

연습문제 2

다음 분수를 받아내림 하세요.

(1) $4\frac{7}{8}$ (2) $11\frac{2}{15}$

해답

(1) $4\frac{7}{8} = 3 + 1\frac{7}{8} = 3 + \frac{15}{8} = 3\frac{15}{8}$

(2) $11\frac{2}{15} = 10 + 1\frac{2}{15} = 10 + \frac{17}{15} = 10\frac{17}{15}$

 꼭 가르쳐야 할 핵심 포인트!

한꺼번에 받아올림, 받아내림을 할 수 있도록 연습하자!

'대분수의 받아올림, 받아내림'을 완벽하게 할 수 있는 초등학생은 의외로 적습니다. 그러나 이것을 마스터한다면 다음에 배울 '분수의 덧셈과 뺄셈'을 빠르고 정확하게 계산할 수 있게 됩니다. 이번에는 도중식을 상세하게 썼으나, 최종적으로는 $11\frac{2}{15} = 10\frac{17}{15}$ 과 같이 한꺼번에 변형할 수 있도록 반복해서 연습합시다.

재미있는 수학 이야기 대분수를 영어로 표현하면……?

대분수를 영어로 'mixed fraction'이라고 합니다. 직역하면 '섞인 분수'라는 의미입니다.

예를 들면 $5\frac{2}{7}$ 는 자연수 5와 분수 $\frac{2}{7}$ 가 섞인(합해진) 수입니다. 그러므로 대분수는 '섞인 분수'인 것입니다.

참고로 진분수는 영어로 proper faction(직역하면 '적합한 분수'), 가분수는 영어로 improper faction(직역하면 '적합하지 않은 분수')라고 합니다. 분수는 1보다 작은 수이므로 '(1보다 작은)진분수 = 적합한 분수'인 것입니다.

PART 4 ▶ 분수의 계산 ⟨4학년⟩

5. 분모가 같은 분수의 덧셈과 뺄셈

핵심 포인트! 분모가 같은 분수의 덧셈과 뺄셈 ⇨ 분모는 그대로 두고, 분자를 더하거나 빼면 된다. 답은 약분할 수 있을 때는 반드시 약분할 것!

1 분모가 같은 분수의 덧셈

예제 1 다음을 계산하세요.

(1) $\dfrac{3}{5} + \dfrac{4}{5} =$

(2) $2\dfrac{7}{8} + 3\dfrac{5}{8} =$

해답

(1) $\dfrac{3}{5} + \dfrac{4}{5}$
$= \dfrac{7}{5}$ ⟩ 분모는 그대로 두고 분자를 더한다.
$= 1\dfrac{2}{5}$ ⟩ 대분수로 바꾼다.

(2) $2\dfrac{7}{8} + 3\dfrac{5}{8}$
$= 5\dfrac{12}{8}$ ⟩ 자연수 부분 2와 3을 더해서 분자 7과 5를 더한다.
$= 6\dfrac{4}{8}$ ⟩ 대분수를 받아올림
$= 6\dfrac{1}{2}$ ⟩ 약분한다.

※ 문제 (2)는 일단 가분수로 고치고 다음과 같이 계산하는 방법도 있습니다.

$2\dfrac{7}{8} + 3\dfrac{5}{8} = \dfrac{23}{8} + \dfrac{29}{8} = \dfrac{52}{8} = 6\dfrac{4}{8} = 6\dfrac{1}{2}$

그러나 이 방법보다 '대분수의 받아올림'을 사용하는 방법을 추천합니다.

✋ 연습문제 1

다음 분수를 받아올림 하세요.

(1) $\dfrac{4}{9} + \dfrac{7}{9} =$

(2) $1\dfrac{7}{10} + 5\dfrac{9}{10} =$

해답

(1) $\dfrac{4}{9} + \dfrac{7}{9} = \dfrac{11}{9} = 1\dfrac{2}{9}$

(2) $1\dfrac{7}{10} + 5\dfrac{9}{10} = 6\dfrac{16}{10} = 7\dfrac{6}{10} = 7\dfrac{3}{5}$

2 분모가 같은 분수의 계산

예제 2 다음을 계산하세요.

(1) $\dfrac{11}{12} - \dfrac{1}{12} =$

(2) $7\dfrac{5}{16} - 1\dfrac{13}{16} =$

해답

(1) $\dfrac{11}{12} - \dfrac{1}{12}$
$= \dfrac{10}{12}$
$= \dfrac{5}{6}$

⟩ 분모는 그대로 두고, 분자를 뺀다.
⟩ 약분한다.

(2) $7\dfrac{5}{16} - 1\dfrac{13}{16}$
$= 6\dfrac{21}{16} - 1\dfrac{13}{16}$
$= 5\dfrac{8}{16}$
$= 5\dfrac{1}{2}$

⟩ 분자 5에서 13을 뺄 수 없으므로 대분수의 받아내림을 한다.
⟩ 자연수 부분 (6 - 1), 분자(21-13)을 계산
⟩ 약분한다.

※ 문제 (2)는 일단 가분수로 고치고 다음과 같이 계산하는 방법도 있습니다.
$7\dfrac{5}{16} - 1\dfrac{13}{16} = \dfrac{117}{16} - \dfrac{29}{16} = \dfrac{88}{16} = 5\dfrac{8}{16} = 5\dfrac{1}{2}$
왼쪽 설명과 마찬가지이며, 이 방법보다 '대분수의 받아내림'을 사용하면 더 빨리 계산할 수 있습니다.
그렇기 때문에 '대분수의 받아내림'을 사용한 풀이법을 추천합니다.

✋ 연습문제 2

다음을 계산하세요.

(1) $5\dfrac{17}{20} - 4\dfrac{5}{20} =$

(2) $11\dfrac{1}{6} - 8\dfrac{5}{6} =$

해답

(1) $5\dfrac{17}{20} - 4\dfrac{5}{20} = 1\dfrac{12}{20} = 1\dfrac{3}{5}$

(2) $11\dfrac{1}{6} - 8\dfrac{5}{6} = 10\dfrac{7}{6} - 8\dfrac{5}{6} = 2\dfrac{2}{6} = 2\dfrac{1}{3}$

꼭 가르쳐야 할 핵심 포인트!

약분해야 하는 것에 주의!
누구나 한 번쯤은 하는 실수, 그것은 바로 약분을 하지 않고 넘어가는 것입니다. 답을 구한 후에 바로 다음 문제로 넘어가지 말고 구한 답이 약분을 할 수 있는지 항상 체크하는 습관을 들여야 합니다.

PART 4 ▶ 분수의 계산　　〈5학년〉

6 분모가 다른 분수의 덧셈과 뺄셈

> **핵심 포인트!** 분모가 다른 분수의 덧셈과 뺄셈 ⇒ 통분하여 분모를 맞춘 후에 계산
> * 통분 방법 　(1) 분모끼리 곱한 수를 공통 분모로 만든다.
> 　　　　　　(2) 분모의 최소공배수로 공통 분모를 만든다.

1 분모가 다른 분수의 덧셈

예제 1　다음을 계산하세요.

(1) $\dfrac{3}{4} + \dfrac{2}{3} =$

(2) $2\dfrac{14}{15} + 5\dfrac{9}{10} =$

해답

(1) $\dfrac{3}{4} + \dfrac{2}{3}$　← 분모를 최소공배수 12로 통분한다.

　$= \dfrac{9}{12} + \dfrac{8}{12}$　← 분자를 더한다.

　$= \dfrac{17}{12}$　← 대분수로 바꾼다.

　$= 1\dfrac{5}{12}$

(2) $2\dfrac{14}{15} + 5\dfrac{9}{10}$　← 분모의 최소공배수 30으로 통분한다.

　$= 2\dfrac{28}{30} + 5\dfrac{27}{30}$　← 분자를 더한다.

　$= 7\dfrac{55}{30}$　← 대분수를 받아올림한다.

　$= 8\dfrac{25}{30}$　← 약분한다.

　$= 8\dfrac{5}{6}$

✎ 연습문제 1

다음을 계산하세요.

(1) $\dfrac{7}{9} + \dfrac{5}{6} =$

(2) $4\dfrac{13}{14} + 1\dfrac{5}{21} =$

해답

(1) $\dfrac{7}{9} + \dfrac{5}{6} = \dfrac{14}{18} + \dfrac{15}{18} = \dfrac{29}{18} = 1\dfrac{11}{18}$

(2) $4\dfrac{13}{14} + 1\dfrac{5}{21} = 4\dfrac{39}{42} + 1\dfrac{10}{42} = 5\dfrac{49}{42} = 6\dfrac{7}{42} = 6\dfrac{1}{6}$

2 분모가 다른 분수의 뺄셈

예제 2 다음을 계산하세요.

(1) $\dfrac{4}{5} - \dfrac{3}{8} =$

(2) $5\dfrac{7}{20} - 4\dfrac{23}{30} =$

해답

(1) $\dfrac{4}{5} - \dfrac{3}{8}$ ← 분모의 최소공배수 40으로 통분한다.

$= \dfrac{32}{40} - \dfrac{15}{40}$

$= \dfrac{17}{40}$ ← 분자를 뺀다.

(2) $5\dfrac{7}{20} - 4\dfrac{23}{30}$ ← 분모의 최소공배수 60으로 통분한다.

$= 5\dfrac{21}{60} - 4\dfrac{46}{60}$ ← 21에서 46은 뺄 수 없으므로 대분수를 받아내린다.

$= 4\dfrac{81}{60} - 4\dfrac{46}{60}$

$= \dfrac{35}{60}$ ← 분자를 뺀다.

$= \dfrac{7}{12}$ ← 약분한다.

연습문제 2

다음을 계산하세요.

(1) $\dfrac{11}{12} - \dfrac{2}{3} =$

(2) $7\dfrac{1}{14} - 4\dfrac{6}{35} =$

해답

(1) $\dfrac{11}{12} - \dfrac{2}{3} = \dfrac{11}{12} - \dfrac{8}{12} = \dfrac{3}{12} = \dfrac{1}{4}$

(2) $7\dfrac{1}{14} - 4\dfrac{6}{35} = 7\dfrac{5}{70} - 4\dfrac{12}{70} = 6\dfrac{75}{70} - 4\dfrac{12}{70} = 2\dfrac{63}{70} = 2\dfrac{9}{10}$

꼭 가르쳐야 할 핵심 포인트!

분수 계산에서 가장 어려운 과정은?

'분모가 다른 분수의 덧셈과 뺄셈'은 계산 과정이 복잡하여 아이들이 조금 힘들어할 수 있습니다. 물론 이 부분이 분수의 계산 중에서 가장 어려운 과정이라고 할 수 있습니다. 그래서 다음에 나오는 '분수의 곱셈과 나눗셈'은 오히려 쉽다고 느끼는 아이가 많습니다. 분모가 다른 분수의 덧셈과 뺄셈만 알면 그 다음은 쉽다는 점을 아이들에게 설명해 주면 좋겠습니다.

PART 4 ▶ 분수의 계산 ⟨ 5학년, 6학년 ⟩

7 분수의 곱셈

> **핵심 포인트!**
> 분수의 곱셈은 분모끼리, 분자끼리 곱한다.

1 약분할 수 없는 분수의 곱셈

예제 1 다음을 계산하세요.

(1) $\dfrac{5}{7} \times \dfrac{3}{4} =$ (2) $\dfrac{8}{11} \times 5 =$ (3) $2\dfrac{1}{3} \times 1\dfrac{5}{8} =$

해답

(1) $\dfrac{5}{7} \times \dfrac{3}{4}$ → 분모끼리, 분자끼리 곱한다.
$= \dfrac{5 \times 3}{7 \times 4}$
$= \dfrac{15}{28}$

(2) $\dfrac{8}{11} \times 5$
$= \dfrac{8}{11} \times \dfrac{5}{1}$ ← 5를 $\dfrac{5}{1}$로 바꾼다. (자연수는 $\dfrac{자연수}{1}$로 바꿀 수 있음)
$= \dfrac{8 \times 5}{11 \times 1}$ ← 분모끼리, 분자끼리 곱한다.
$= \dfrac{40}{11}$
$= 3\dfrac{7}{11}$ ← 대분수로 바꾼다.

(3) $2\dfrac{1}{3} \times 1\dfrac{5}{8}$
$= \dfrac{7}{3} \times \dfrac{13}{8}$ ← 가분수로 바꾼다.
$= \dfrac{7 \times 13}{3 \times 8}$ ← 분모끼리, 분자끼리 곱한다.
$= \dfrac{91}{24}$
$= 3\dfrac{19}{24}$ ← 대분수로 바꾼다.

연습문제 1

다음을 계산하세요.

(1) $\dfrac{5}{9} \times \dfrac{2}{3} =$ (2) $8 \times \dfrac{4}{5} =$ (3) $5\dfrac{3}{4} \times 1\dfrac{2}{3} =$

해답

(1) $\dfrac{5}{9} \times \dfrac{2}{3} = \dfrac{5 \times 2}{9 \times 3} = \dfrac{10}{27}$

(2) $8 \times \dfrac{4}{5} = \dfrac{8}{1} \times \dfrac{4}{5} = \dfrac{8 \times 4}{1 \times 5} = \dfrac{32}{5} = 6\dfrac{2}{5}$

(3) $5\dfrac{3}{4} \times 1\dfrac{2}{3} = \dfrac{23}{4} \times \dfrac{5}{3} = \dfrac{23 \times 5}{4 \times 3} = \dfrac{115}{12} = 9\dfrac{7}{12}$

2 약분할 수 있는 분수의 곱셈

약분할 수 있는 분수의 곱셈은 다음과 같이 2단계로 계산하세요.

① 곱하기 전에 약분한다.   ② 분모끼리, 분자끼리 곱한다.

예제 2 다음을 계산하세요.

(1) $\dfrac{5}{6} \times \dfrac{9}{10} =$ (2) $2\dfrac{1}{7} \times 2\dfrac{1}{10} =$

해답

(1) $\dfrac{5}{6} \times \dfrac{9}{10}$

$= \dfrac{\overset{1}{\cancel{5}} \times \overset{3}{\cancel{9}}}{\underset{2}{\cancel{6}} \times \underset{2}{\cancel{10}}}$ ← 곱하기 전에 약분한다.

$= \dfrac{3}{4}$ ← 분모끼리, 분자끼리 곱한다.

(2) $2\dfrac{1}{7} \times 2\dfrac{1}{10}$

$= \dfrac{15}{7} \times \dfrac{21}{10}$ ← 가분수로 바꾼다.

$= \dfrac{\overset{3}{\cancel{15}} \times \overset{3}{\cancel{21}}}{\underset{1}{\cancel{7}} \times \underset{2}{\cancel{10}}}$ ← 곱하기 전에 약분한다.

분모끼리, 분자끼리 곱한다.

$= \dfrac{9}{2} = 4\dfrac{1}{2}$ ← 대분수로 바꾼다.

연습문제 2

다음을 계산하세요.

(1) $\dfrac{3}{8} \times \dfrac{4}{9} =$ (2) $2\dfrac{1}{12} \times 3\dfrac{11}{15} =$ (3) $\dfrac{1}{4} \times 5\dfrac{1}{7} \times 28 =$

해답

(1) $\dfrac{3}{8} \times \dfrac{4}{9} = \dfrac{\overset{1}{\cancel{3}} \times \overset{1}{\cancel{4}}}{\underset{2}{\cancel{8}} \times \underset{3}{\cancel{9}}} = \dfrac{1}{6}$ (2) $2\dfrac{1}{12} \times 3\dfrac{11}{15} = \dfrac{25}{12} \times \dfrac{56}{15} = \dfrac{\overset{5}{\cancel{25}} \times \overset{14}{\cancel{56}}}{\underset{3}{\cancel{12}} \times \underset{3}{\cancel{15}}} = \dfrac{70}{9} = 7\dfrac{7}{9}$

(3) $\dfrac{1}{4} \times 5\dfrac{1}{7} \times 28 = \dfrac{1}{4} \times \dfrac{36}{7} \times \dfrac{28}{1} = \dfrac{1 \times 36 \times \overset{1}{\cancel{28}}}{\underset{1}{\cancel{4}} \times \underset{1}{\cancel{7}} \times 1} = \dfrac{36}{1} = 36$

꼭 가르쳐야 할 핵심 포인트!

곱한 후에 약분하는 것은 실수의 원인!

약분할 수 있는 분수의 곱셈에서는 **곱하기 전에 약분하는 것이 원칙**입니다. 곱한 후에 약분하더라도 올바른 답을 구할 수는 있지만, **번거롭고 시간이 걸리며 실수의 원인**이 되기도 합니다.

예를 들면 **예제2** (1)의 $\dfrac{5}{6} \times \dfrac{9}{10}$ 에서 먼저 분모끼리, 분자끼리 곱하면 $\dfrac{45}{60}$ 가 됩니다. 이것을 약분하여 $\dfrac{3}{4}$ 이라고 올바른 답을 구할 수 있습니다. 그러나 먼저 약분하고 나서 곱하는 편이 더 빠르고 정확하게 답을 구할 수 있습니다. 가르칠 때는 '곱하기 전에 약분', '곱한 후에 약분'이라는 두 가지 방법으로 계산하게 한 후, 어느 쪽이 계산하기 편한지 스스로 알도록 하는 것도 하나의 방법입니다.

PART 4 ▶ 분수의 계산

〈 5학년, 6학년 〉

8 분수의 나눗셈

핵심 포인트!
분수의 나눗셈은 나누는 분수의 **분모와 분자의 자리를 바꿔서 곱한다.**

1 역수

역수는 분수의 분모와 분자를 바꾸는 것입니다.
예를 들면 $\frac{4}{5}$의 역수는 $\frac{5}{4}$입니다.

예제 1 다음 수의 역수를 답하세요.

(1) $\frac{5}{9}$　(2) $3\frac{1}{2}$　(3) $\frac{1}{5}$　(4) 8

해답

(1) $\frac{5}{9}$ 의 역수는 분모와 분자의 자리를 바꾼 $\frac{9}{5}$ 또는 $\frac{4}{5}$ 입니다.

(2) $3\frac{1}{2}$ 을 가분수로 바꾸면 $\frac{7}{2}$ 입니다. $\frac{7}{2}$ 의 역수는 분모와 분자의 자리를 바꾼 $\frac{2}{7}$ 입니다.

(3) $\frac{1}{5}$ 의 역수는 분모와 분자의 자리를 바꾼 $\frac{5}{1}$ 입니다. $\frac{자연수}{1}$ 는 자연수로 고칠 수 있으므로 $\frac{5}{1}$ = 5 입니다.

(4) 자연수는 $\frac{자연수}{1}$ 이므로 8 = $\frac{8}{1}$ 입니다. $\frac{8}{1}$ 의 역수는 분모와 분자의 자리를 바꾼 $\frac{1}{8}$ 입니다.

✋ 연습문제 1

다음 수의 역수를 답하세요.　(1) $\frac{10}{17}$　(2) $5\frac{1}{3}$　(3) $\frac{1}{2}$　(4) 15

해답　(1) $\frac{17}{10}$ (또는 $1\frac{7}{10}$)　(2) $\frac{3}{16}$　(3) 2　(4) $\frac{1}{15}$

꼭 가르쳐야 할 핵심 포인트!

역수의 올바른 개념

역수는 분수의 분모와 분자를 바꾼 것이라고 했지만, 엄밀히 말하자면 그것은 완전히 올바른 개념이라고 할 수 없습니다.
$\frac{4}{5}$ 의 역수는 $\frac{5}{4}$ 입니다. 그리고 이 두 분수를 곱하면 $\frac{4}{5} \times \frac{5}{4} = 1$ 이 됩니다.
이와 같이 **두 가지 수를 곱한 답이 1이 될 때, 한 쪽의 수를 다른 한 쪽 수의 역수**라고 합니다. 이것이 역수의 정확한 개념입니다. 이것은 초등학교에서도 배우므로 아이가 이해할 수 있도록 가르쳐 주세요.

2 분수의 나눗셈

분수의 나눗셈은 나누는 분수를 역수로 만든 후 곱하세요. 바꿔 말하면 나누는 수의 분모와 분자의 자리를 바꿔서 곱하는 것입니다.

곱셈으로 고친 후, 약분할 수 있는 경우에는 곱하기 전에 약분하여 계산합니다.

예제 2 다음을 계산하세요.

(1) $\frac{3}{5} \div \frac{2}{3} =$ 　　　(2) $\frac{14}{15} \div \frac{7}{10} =$ 　　　(3) $8\frac{1}{4} \div 1\frac{1}{8} =$

해답

(1) $\frac{3}{5} \div \frac{2}{3}$
　$= \frac{3}{5} \times \frac{3}{2}$　← 분모와 분자의 자리를 바꿔서 곱셈으로 고친다.
　$= \frac{9}{10}$　← 분모끼리, 분자끼리 곱한다.

(2) $\frac{14}{15} \div \frac{7}{10}$
　$= \frac{14}{15} \times \frac{10}{7}$　← 분모와 분자의 자리를 바꿔서 곱셈으로 고친다.
　$= \frac{\overset{2}{14} \times \overset{2}{10}}{\underset{3}{15} \times \underset{1}{7}}$　← 곱하기 전에 약분한다.
　$= \frac{4}{3}$　← 분모끼리, 분자끼리 곱한다.
　$= 1\frac{1}{3}$　← 대분수로 바꾼다.

(3) $8\frac{1}{4} \div 1\frac{1}{8}$
　$= \frac{33}{4} \div \frac{9}{8}$　← 대분수로 바꾼다.
　$= \frac{33}{4} \times \frac{8}{9}$　← 분모와 분자의 자리를 바꿔서 곱셈으로 고친다.
　$= \frac{\overset{11}{33} \times \overset{2}{8}}{\underset{1}{4} \times \underset{3}{9}}$　← 곱하기 전에 약분한다.
　$= \frac{22}{3} = 7\frac{1}{3}$　← 분모끼리, 분자끼리 곱한다. 대분수로 바꾼다.

연습문제 2

다음을 계산하세요.

(1) $\frac{5}{6} \div \frac{2}{5} =$ 　　(2) $3 \div 1\frac{9}{10} =$ 　　(3) $\frac{9}{16} \div \frac{3}{14} =$ 　　(4) $6\frac{3}{11} \div 1\frac{1}{22} =$

해답

(1) $\frac{5}{6} \div \frac{2}{5} = \frac{5}{6} \times \frac{5}{2} = \frac{25}{12} = 2\frac{1}{12}$　　(2) $3 \div 1\frac{9}{10} = \frac{3}{1} \div \frac{19}{10} = \frac{3}{1} \times \frac{10}{19} = \frac{30}{19} = 1\frac{11}{19}$

(3) $\frac{9}{16} \div \frac{3}{14} = \frac{9}{16} \times \frac{14}{3} = \frac{\overset{3}{9} \times \overset{7}{14}}{\underset{8}{16} \times \underset{1}{3}} = \frac{21}{8} = 2\frac{5}{8}$　　(4) $6\frac{3}{11} \div 1\frac{1}{22} = \frac{69}{11} \div \frac{23}{22} = \frac{69}{11} \times \frac{22}{23} = \frac{\overset{3}{69} \times \overset{2}{22}}{\underset{1}{11} \times \underset{1}{23}} = \frac{6}{1} = 6$

PART 5 ▶ 평면 도형 〈2학년, 4학년, 5학년〉

1. 다양한 사각형

> **핵심 포인트!** **평행사변형**은 어떤 사각형?, **사다리꼴**은 어떤 사각형? 등의 질문에 대답할 수 있도록 하세요!

4개의 직선으로 둘러싼 형태를 '사각형'이라고 합니다.
마주 보는 꼭지점을 연결한 직선을 '대각선'이라고 합니다.
사각형의 내각(안쪽 각)의 합은 360도입니다.
다음 다섯 가지 사각형의 이름과 의미를 알아 두세요.

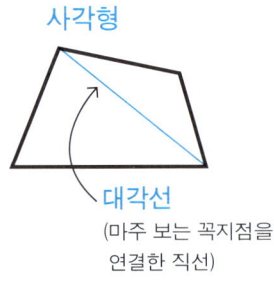
사각형
대각선
(마주 보는 꼭지점을 연결한 직선)

정사각형···4개 변의 길이가 같고, 4개 각이 직각인 사각형

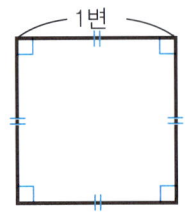

직사각형···4개 각이 직각인 사각형

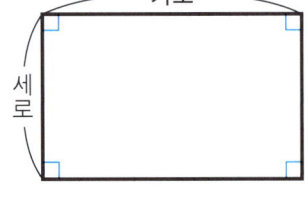

평행사변형···2쌍의 마주보는 변이 각각 평행한 사각형

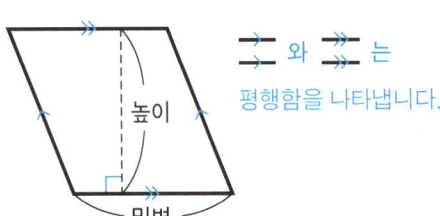
와 는 평행함을 나타냅니다.

사다리꼴···1쌍의 마주보는 변이 평행한 사각형

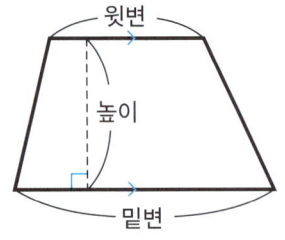

마름모꼴···4개 변의 길이가 같은 사각형

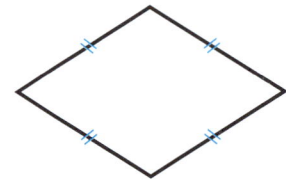

꼭 가르쳐야 할 핵심 포인트!

정사각형은 어떤 형태?

수업할 때 아이들에게 '정사각형은 어떤 형태?'라고 물으면 '4개 변의 길이가 같고, 길이가 같은 사각형!'이라고 대답하는 경우가 많습니다. 그러나 이것은 엄밀히 말하면 틀린 답입니다. ('마름모는 어떤 형태?'라는 질문에 대한 답이라면 정답입니다만) 올바른 답은 '4개 변의 길이가 같고, 4개의 각이 직각인 사각형'입니다. 문제에 함정이 있는 것 같지만, 수학에서는 용어의 의미(정의)를 정확하게 익혀 두는 것이 중요합니다.

연습문제

다음 (1) ~ (3)의 괄호 안에 알맞은 사각형을 '정사각형, 직사각형, 평행사변형, 사다리꼴, 마름모꼴' 중에서 선택하여 답하세요.

(1) 4개의 각이 직각인 사각형은 (　　　)입니다.
(2) 마주보는 두 변의 길이가 각각 같은 사각형은 (　　　)입니다.
(3) 2개 대각선의 길이가 같은 사각형은 (　　　)입니다.

해답

(1) 4개 각이 직각인 사각형은 정사각형, 직사각형입니다.

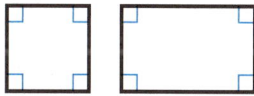

(2) 마주보는 2개 변의 길이가 각각 같은 사각형은
　　정사각형, 직사각형, 평행사변형, 마름모꼴입니다.

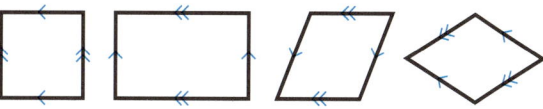

(3) 2개 대각선의 길이가 같은 사각형은 정사각형, 직사각형입니다.

PART 5 ▶ 평면 도형

〈 4학년, 5학년 〉

2. 사각형의 넓이

핵심 포인트! 다양한 사각형의 넓이를 구하는 공식을 알아 두세요.

정사각형의 넓이 = 1변의 길이 × 다른 1변의 길이　　**직사각형**의 넓이 = 세로 × 가로

사다리꼴의 넓이 = (윗변+밑변) × 높이 ÷ 2　　**마름모꼴**의 넓이 = 대각선 × 다른 한 대각선 ÷ 2

평행사변형의 넓이 = 밑변 × 높이

면적을 넓이라고 합니다.
초등 수학에 자주 나오는 넓이의 단위는 cm^2(제곱 센티미터)입니다.
1변이 1cm인 정사각형의 넓이는 $1cm^2$입니다.

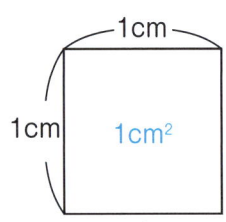

예제
다음 사각형의 넓이를 각각 구하세요.

(1) 정사각형　(2) 직사각형　(3) 평행사변형　(4) 사다리꼴　(5) 마름모꼴

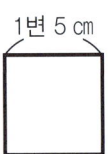 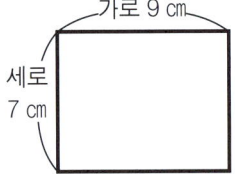 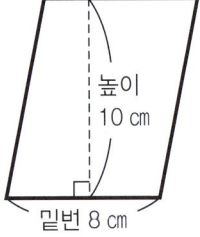 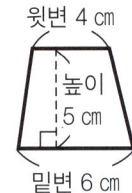 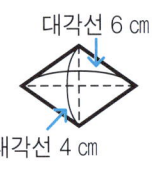

해답

(1) 정사각형의 넓이 = 1변 × 1변 이므로　　$5 \times 5 = 25 cm^2$

(2) 직사각형의 넓이 = 세로 × 가로 이므로　　$7 \times 9 = 63 cm^2$

(3) 평행사변형의 넓이 = 밑변 × 높이 이므로　　$8 \times 10 = 80 cm^2$

(4) 사다리꼴의 넓이 = (윗변 + 밑변) × 높이 ÷ 2 이므로　$(4+6) \times 5 \div 2 = 25 cm^2$

(5) 마름모꼴의 넓이 = 대각선 × 대각선 ÷ 2 이므로　　$4 \times 6 \div 2 = 12 cm^2$

연습문제

다음 사각형의 넓이를 각각 구하세요.

(1) 정사각형　(2) 직사각형　(3) 평행사변형　(4) 사다리꼴　(5) 마름모꼴

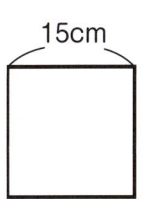 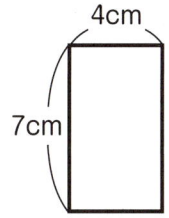 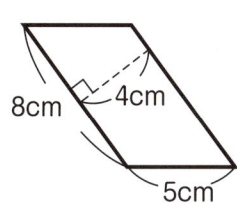 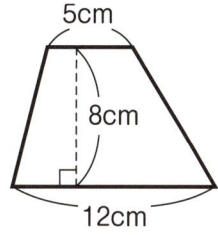 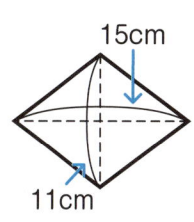

해답

(1) 정사각형의 넓이 = 1변 × 1변 이므로, $15 × 15 = 225 cm^2$

(2) 직사각형의 넓이 = 세로 × 가로 이므로, $7 × 4 = 28 cm^2$

(3) 평행사변형의 넓이 = 밑변 × 높이 이므로, $8 × 4 = 32 cm^2$

　　※ 아래의 [꼭 가르쳐야 할 핵심 포인트!]를 참고하세요.

(4) 사다리꼴의 넓이 = (윗변 + 밑변) × 높이 ÷ 2 이므로, $(5 + 12) × 8 ÷ 2 = 68 cm^2$

(5) 마름모꼴의 넓이 = 대각선 × 대각선 ÷ 2 이므로, $11 × 15 ÷ 2 = 82.5 cm^2$

꼭 가르쳐야 할 핵심 포인트!

평행사변형의 밑변과 높이는 수직으로 만난다!

연습문제 (3)은 어디가 밑변이고 어디가 높이인지 헷갈렸을 지도 모릅니다. 밑변을 5cm, 높이를 8cm라고 생각하여 '5 × 8 = 40㎠'라고 계산하면 틀리므로 주의해야 합니다. 중요한 것은 '평행사변형의 밑변과 높이는 수직으로 만난다'는 것입니다.

5cm의 변을 밑변이라고 보면, 이 변과 수직으로 만나는 높이가 몇 cm인지 모르기 때문에 면적을 구할 수 없습니다. 한편 8cm의 변을 밑변이라고 보면, 이 변과 수직으로 만나는 높이는 4cm입니다. 그러므로 이 평행사변형의 넓이는 '8 × 4 = 32㎠'가 됩니다.

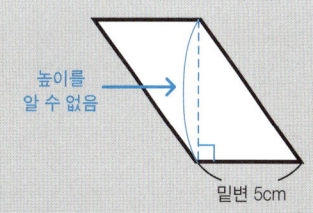

5cm의 변을 밑변이라고 생각하면……
높이를 알 수 없음
밑변 5cm

8cm의 변을 밑변이라고 생각하면……
밑변과 높이는 수직으로 만난다!
밑변 8cm　높이 4cm

PART 5 ▶ 평면 도형 ⟨2학년, 3학년, 5학년⟩

3 다양한 삼각형

핵심 포인트! 이등변삼각형은 어떤 삼각형?, 직각삼각형은 어떤 삼각형? 이런 질문에 대답할 수 있도록 하자!

3개의 직선으로 둘러싼 형태를 삼각형이라고 합니다.
삼각형의 내각의 합은 180도입니다.

아래 예시한 4개 삼각형의 이름과 의미를 알아 두세요.

삼각형

정삼각형…세 변의 길이가 같은 삼각형

이등변삼각형…두 변의 길이가 같은 삼각형

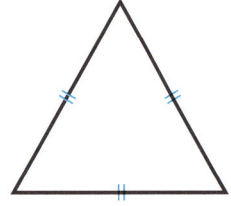

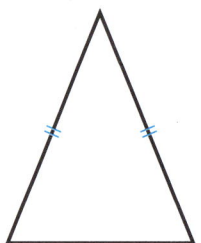

직각삼각형…한 각이 직각인 삼각형

직각이등변삼각형 … 두 변의 길이가 같고, 그 두 변 사이의 각이 직각인 삼각형

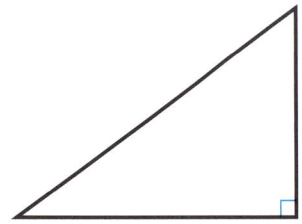

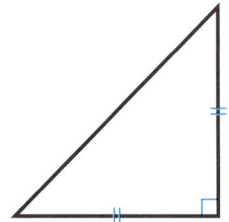

꼭 가르쳐야 할 핵심 포인트!

두 각이 직각인 삼각형은 있을까?

아이에게 위와 같은 질문을 해 보세요.
직각삼각형은 한 각이 직각인 삼각형입니다.
오른쪽 그림에서 볼 수 있는 것처럼, 두 각이 직각인 삼각형을 그려 보려고 해도 그릴 수 없다는 것을 알게 될 것입니다. 삼각형의 내각의 합은 180도입니다. 그러나 두 각이 직각인 경우, 그 두 각도의 합이 '90 × 2 = 180도'가 되며, 3개째의 각도를 만들 수 없으므로 '두 각이 직각인 삼각형'은 존재하지 않는 것입니다.

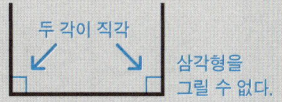

연습문제

다음 삼각형의 이름을 각각 답하세요.

(1)
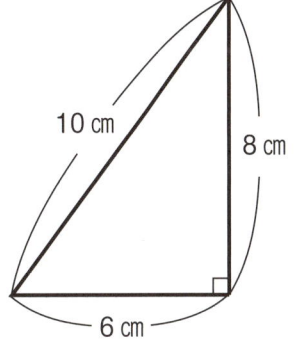

(2)
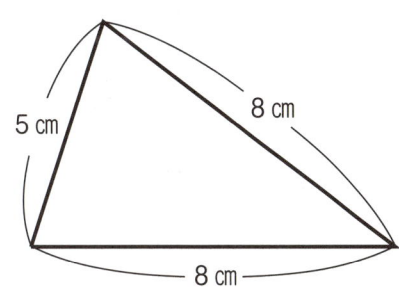

(3)
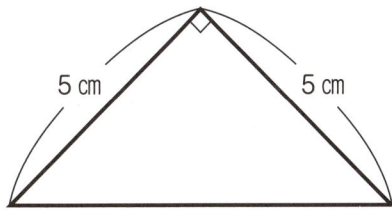

(4)
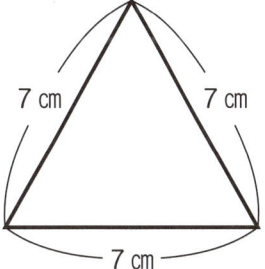

해답

(1) 하나의 각이 직각이므로, 직각삼각형

(2) 두 변의 길이가 같으므로, 이등변삼각형

(3) 두 변의 길이가 같고, 그 두 변 사이의 각이 직각이므로, 직각이등변삼각형

(4) 세 변의 길이가 같으므로, 정삼각형

PART 5 ▶ 평면 도형　　〈 5학년 〉

4 삼각형의 넓이

핵심 포인트! 다음 두 가지 포인트를 알아두자.
① **삼각형**의 넓이 = **밑변 × 높이 ÷ 2**
② **밑변**(을 연장한 직선)과 **높이**는 반드시 **수직**으로 만난다!

삼각형의 넓이는 '밑변 × 높이 ÷ 2'로 구할 수 있습니다.

다음 그림에서 **삼각형의 높이**는 밑변 BC에 수직인 **선분 AD의 길이**입니다.

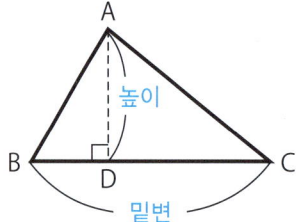

예제　다음 삼각형 ABC의 넓이를 각각 구하세요.

(1) 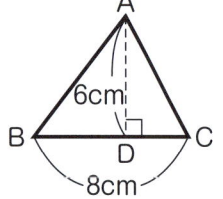　　(2)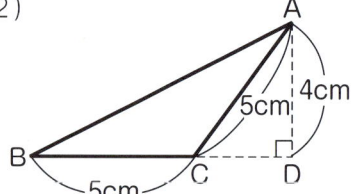

해답

(1) 선분 BC(8cm)가 밑변이고, 선분 AD(6cm)가 높이입니다.
'삼각형의 넓이 = 밑변 × 높이 ÷ 2'이므로, 8 × 6 ÷ 2 = **24cm^2**

(2) 이와 같은 형태의 삼각형의 경우, 선분 BC(5cm)를 밑변으로 하면,
밑변을 연장한 직선 CD에 수직인 선분 AD(4cm)의 길이가 높이가 됩니다.
'삼각형의 넓이 = 밑변 × 높이 ÷ 2'이므로, 5 × 4 ÷ 2 = **10cm^2**
※ 꼭 가르쳐야 할 핵심 포인트! 를 참고해 주세요.

꼭 가르쳐야 할 핵심 포인트!

밑변(을 연장한 직선)과 높이는 반드시 수직으로 만난다!

예제 (1)의 삼각형에서는 밑변 BC와 높이 AD는 수직으로 만나고 있습니다. 한편 예제 (2)의 삼각형에서는 BC를 밑변으로 하면, 높이는 AD가 됩니다. (2)의 경우, 밑변을 연장한 직선과 높이가 수직으로 만나고 있습니다. 참고로 (2)의 변 AC는 밑변 BC와 수직이 아니므로 높이가 아닙니다. 밑변(을 연장한 직선)과 높이는 반드시 수직으로 만난다는 것을 알아 두세요.

(1)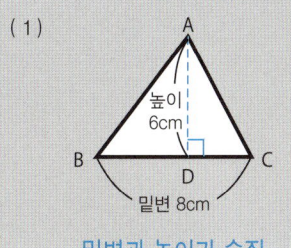

밑변과 높이가 수직

(2)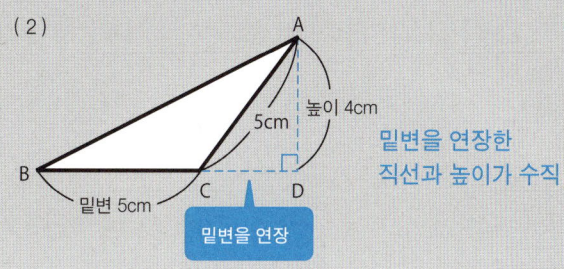

밑변을 연장

연습문제

다음 삼각형 ABC의 넓이를 각각 구하세요.

(1) (2) (3) (4)

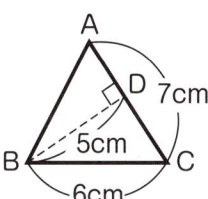 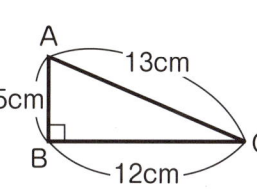 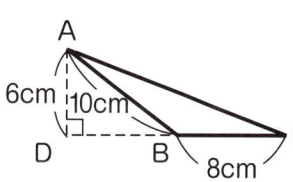

해답

(1) BC(12cm)가 밑변이고, AD(9cm)가 높이입니다.
'삼각형의 넓이 = 밑변 × 높이 ÷ 2'이므로 12 × 9 ÷ 2 = 54cm²

(2) AC(7cm)를 밑변이라고 하면, BD(5cm)가 높이가 됩니다.
'삼각형의 넓이 = 밑변 × 높이 ÷ 2'이므로 7 × 5 ÷ 2 = 17.5cm²
※ BC를 밑변이라고 하면, 높이를 알 수 없으므로 넓이를 구할 수 없습니다.

(3) BC(12cm)를 밑변이라고 하면, AB(5cm)가 높이가 됩니다.
※ 역으로 AB를 밑변, BC를 높이라고 생각해도 괜찮습니다.
'삼각형의 넓이 = 밑변 × 높이 ÷ 2'이므로 12 × 5 ÷ 2 = 30cm²

(4) BC(8cm)가 밑변이고, AD(6cm)가 높이입니다.
'삼각형의 넓이 = 밑변 × 높이 ÷ 2'이므로 8 × 6 ÷ 2 = 24cm²

PART 5 ▶ 평면 도형 〈4학년〉

5. 다각형이란?

> **핵심 포인트!**
> □각형의 내각의 합은 180×(□-2)로 구하자

다각형이란 삼각형, 사각형, 오각형… 등과 같이 직선으로 둘러싼 도형을 말합니다.

▶ 다각형의 예

 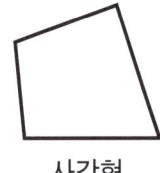  

　　삼각형　　　　　사각형　　　　　오각형　　　　　육각형

정다각형이란 변의 길이가 모두 같고, 각의 크기도 모두 같은 다각형을 말합니다.

▶ 정다각형의 예

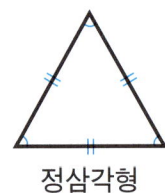 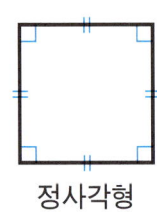 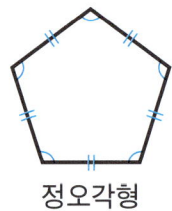 

　　정삼각형　　　　정사각형　　　　정오각형　　　　정육각형

□각형의 내각의 합은 180×(□-2)로 구할 수 있습니다.
예를 들면 **오각형의 내각의 합**이라면 180×(5-2)=540도로 구할 수 있습니다.

꼭 가르쳐야 할 핵심 포인트!

180×(□ - 2)로 내각의 합을 구할 수 있는 이유

다각형에 한 개의 꼭지점에서 대각선을 그으면, 다음과 같이 몇 개의 삼각형으로 나눌 수 있습니다.

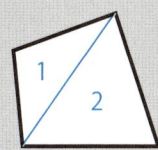 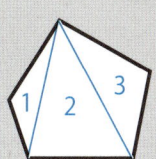 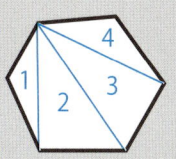

사각형	오각형	육각형	··· □각형
↓ 2를 뺀다	↓ 2를 뺀다	↓ 2를 뺀다	↓ 2를 뺀다
2개의 삼각형	3개의 삼각형	4개의 삼각형	(□ - 2) 개의 삼각형

사각형이라면 2개의 삼각형으로, 오각형이라면 3개의 삼각형으로, 육각형이라면 4개의 삼각형으로 나눌 수 있습니다. 이와 같이 어떤 다각형이라도 변의 수에서 2를 뺀 수의 삼각형으로 나눌 수 있습니다. 즉 □각형이라면 (□-2)개의 삼각형으로 나눌 수 있는 것입니다.
그리고 삼각형의 내각의 합은 180도이므로 □각형의 내각의 합은 180×(□-2)로 구할 수 있습니다. 공식을 그대로 암기하는 것이 아니라, 공식이 성립되는 이유도 함께 가르치면 자녀의 응용력을 키울 수 있습니다.

연습문제

다음 문제에 답하세요.

(1) 팔각형의 내각의 합을 구하시오.
(2) 정팔각형의 한 내각의 크기를 구하시오.

해답

(1) □각형의 내각의 합은 180×(□-2)로 구할 수 있으므로
팔각형의 내각의 합은 180×(8-2)=1080도

(2) (1)에서 정팔각형의 내각의 합은 1080도입니다. 정팔각형의 8개 내각의 크기는 모두 같으므로 정팔각형의 한 내각의 크기는 1080÷8=135도

PART 5 ▶ 평면 도형 〈3학년, 5학년, 6학년〉

6 원주의 길이와 넓이

핵심 포인트! 원의 두 가지 공식을 알아 두자
원주의 길이 = 지름 × 원주율
원의 넓이 = 반지름 × 반지름 × 원주율

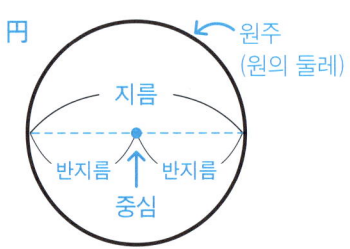

한 점에서 같은 길이가 되도록 그린 둥근 형태를 원이라고 합니다.

원에 대한 다음의 용어와 의미를 알아 두세요.

중심…원의 중간 점

원주…원의 둘레

반지름…중심에서 원주까지 그은 직선

지름…중심을 지나 원주에서 원주까지 그은 직선. 지름은 반지름 2배의 길이

원주율…원주의 길이를 지름의 길이로 나눈 수. 원주율은 3.141592…로 무한하게 계속되는 소수입니다. 하지만 초등수학에서는 보통 '3.14'를 사용합니다.

예제 아래 원에 대해 다음 문제에 답하세요. 단, 원주율은 3.14로 합니다.

(1) 원주의 길이는 몇 cm입니까?

(2) 이 원의 넓이는 몇 ㎠ 입니까?

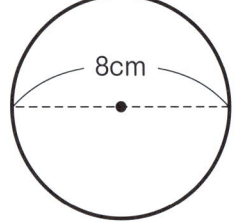

해답

(1) '원주의 길이=지름×원주율'이므로 원주의 길이 = 8 × 3.14 = **25.12cm**

(2) 이 원의 반지름은 '8÷2=4cm'입니다.

'원의 넓이=반지름×반지름×원주율'이므로, 원의 넓이 = 4 × 4 × 3.14 = **50.24㎠**

연습문제

아래 원에 대해 다음 문제에 답하세요. 단, 원주율은 3.14로 합니다.

(1) 원주의 길이는 몇 cm입니까?

(2) 이 원의 넓이는 몇 cm² 입니까?

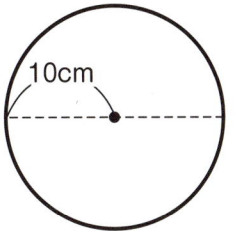

해답

(1) 이 원의 지름은 10×2=20cm입니다.

'원주의 길이=지름×원주율'이므로

원주의 길이=20×3.14=62.8cm

(2) '원의 넓이 = 반지름×반지름×원주율'이므로

원의 넓이=10×10×3.14=314cm²

원주의 길이를 구하는 공식

원주의 길이를 구하는 공식은 두 가지!

'원주의 길이=지름×원주율'이라는 공식은 이미 가르쳐 주었습니다만, **지름은 반지름의 2배**이므로 '원주의 길이=반지름×2×원주율'이라는 공식도 성립합니다.

따라서 원주의 길이를 구하는 공식은 2개 중 어느 것이든 외워 두면 좋겠지요.

꼭 가르쳐야 할 핵심 포인트!

하나의 식으로 원주의 길이를 구하자

연습문제 (1)은 '10 × 2 = 20, 20 × 3.14 = 62.8(cm)'이라는 두 가지 식으로 풀었습니다. 그러나 '원주의 길이 = 반지름 × 2 × 원주율'의 공식을 알고 있다면, '10 × 2 × 3.14 = 62.8(cm)'과 같이 하나의 식으로 답을 구할 수 있게 됩니다.

PART 5 ▶ 평면 도형 〈6학년·확장〉

7 부채꼴의 호의 길이와 넓이

핵심 포인트! 부채꼴의 호의 길이는 원주의 길이에 $\dfrac{중심각}{360}$ 을 곱한다.

부채꼴의 넓이는 원의 넓이에 $\dfrac{중심각}{360}$ 을 곱한다.

둥근 케이크를 잘라 나누면 오른쪽과 같은 형태가 됩니다. 이와 같이 원을 자른 형태를 부채꼴이라고 합니다.

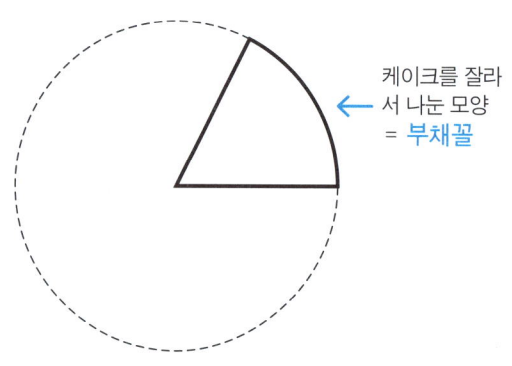

케이크를 잘라서 나눈 모양 = **부채꼴**

부채꼴의 각 부분의 명칭은 다음과 같습니다.

호…원주의 일부
중심각…두 반지름으로 이루어진 각

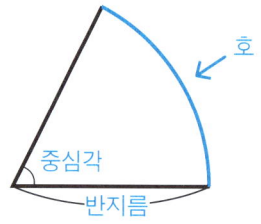

호
중심각
반지름

꼭 가르쳐야 할 핵심 포인트!

이런 형태도 부채꼴

오른쪽과 같이 원에서 크게 자른 형태도 부채꼴입니다.
'어느 먹보가 이렇게 크게 케이크를 잘랐구나. 이런 모양도 부채꼴이란다' 라고 가르치면 아이가 쉽게 이해합니다.

이렇게 크게 잘라도 부채꼴!

| 부채꼴 공식을 외우는 방법 | 공식은 $\dfrac{중심각}{360}$ 을 곱하기 |

부채꼴의 호의 길이 = 반지름 × 2 × 3.14 × $\dfrac{중심각}{360}$ 원주의 길이에 $\dfrac{중심각}{360}$ 을 곱하기

부채꼴의 넓이 = 반지름 × 반지름 × 3.14 × $\dfrac{중심각}{360}$ 원의 넓이에 $\dfrac{중심각}{360}$ 을 곱하기

※ '원주의 길이 = 지름 × 3.14 = 반지름 × 2 × 3.14'이므로
여기에서는 '원주의 길이 = 반지름 × 2 × 3.14'를 사용했습니다.

부채꼴의 호의 길이를 구하는 공식과 넓이를 구하는 공식이 길어서 '외우기 어렵다'고 말하는 학생들이 많은데, 외우는 방법은 간단합니다!

각각 원주의 길이와 원의 넓이에 $\dfrac{중심각}{360}$ 을 곱한다고 외워 두면 됩니다.

PART 5 평면도형

예제

오른쪽 부채꼴의 길이와 넓이를 각각 구하세요.
단, 원주율은 3.14로 합니다.

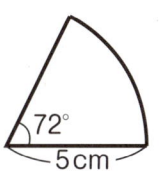

해답

먼저 원의 길이를 구합니다.
부채꼴의 호의 길이는

'반지름 × 2 × 3.14 × $\dfrac{중심각}{360}$ '에 수를 넣어서 계산하세요.

반지름은 5cm이고, 중심각은 72도이므로

$5 \times 2 \times 3.14 \times \dfrac{72}{360}$

$= 5 \times 2 \times 3.14 \times \dfrac{1}{5}$

$= \overset{1}{\cancel{5}} \times 2 \times 3.14 \times \dfrac{1}{\cancel{5}}$

$= 6.28$

→ $\dfrac{72}{360}$ 를 약분한다.

→ 5와 $\dfrac{1}{5}$ 을 약분한다.

→ 2 × 3.14를 계산한다.

다음으로 넓이를 구합니다.
부채꼴의 넓이는

'반지름 × 반지름 × 3.14 × $\dfrac{중심각}{360}$ '에 수를 넣어서 계산하세요.

$5 \times 5 \times 3.14 \times \dfrac{72}{360}$

$= 5 \times 5 \times 3.14 \times \dfrac{1}{5}$

$= \overset{1}{\cancel{5}} \times 5 \times 3.14 \times \dfrac{1}{\cancel{5}}$

$= 15.7$

→ $\dfrac{72}{360}$ 를 약분한다.

→ 5와 $\dfrac{1}{5}$ 을 약분한다.

→ 5 × 3.14를 계산한다.

답   호의 길이 6.28cm, 넓이 15.7cm^2

PART 5 ▶ 평면 도형 〈 5학년 〉

8 선대칭이란?

> **핵심 포인트!**
> 접어서 완전히 겹쳐진다면 선대칭!

오른쪽 오각형은 직선 (가), (나)를 접는 면으로 하고 접으면, 양쪽 부분이 완전히 겹쳐집니다. 이와 같은 도형을 선대칭 도형이라고 합니다. 그리고 접는 면의 직선 (가), (나)를 대칭 축이라고 합니다.

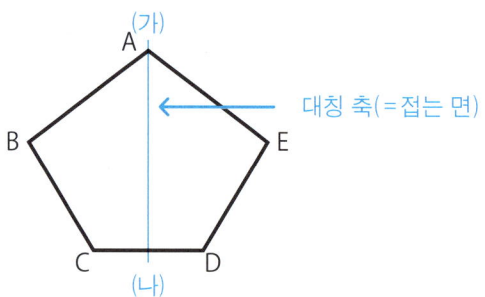

대응점

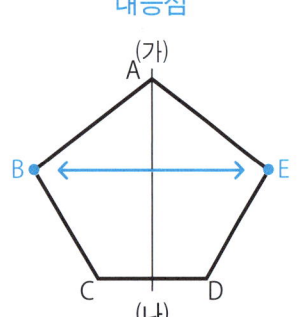

이 오각형을 대칭 축 (가), (나)를 접는 면으로 하고 접으면, 점 B와 점 E는 겹칩니다. 이와 같이 겹쳐지는 점을 대응점이라고 합니다.

대응변

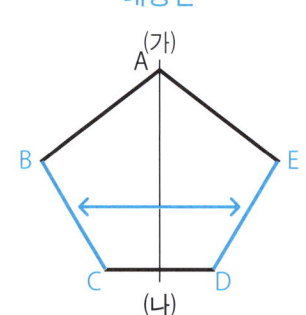

또한 변 BC와 변 ED가 겹쳐집니다. 이와 같이 겹쳐지는 변을 대응변이라고 합니다.

대응각

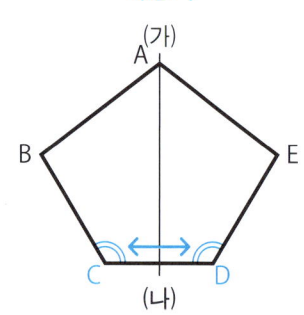

그리고 각 C와 각 D가 겹치게 됩니다. 이와 같이 겹쳐지는 각을 대응각이라고 합니다.

선대칭 도형에서는 대응변의 길이가 같고, 대응각의 크기도 같습니다.

꼭 가르쳐야 할 핵심 포인트!

'대응변'을 답하는 문제에 주의!

왼쪽의 오각형을 예로 들면, '변 BC에 대응하는 변은 어느 것입니까?'라는 문제가 나올 수 있습니다. 이때, '변 ED'라고 대답하면 정답이지만, '변 DE'라고 대답하면 오답이 됩니다. 왜냐하면 대칭축 (가), (나)를 접는 면으로 하고 접으면, 점 B와 겹치는 것은 점 E이고, 점 C와 겹치는 것은 점 D이기 때문입니다. 그러므로 '변 BC에 대응하는 변은 어느 것인가?'라는 질문에는 대응하는 순서대로 '변 ED'라고 대답해야 합니다. 시험에서 확실하게 정답을 맞출 수 있도록 주의하세요.

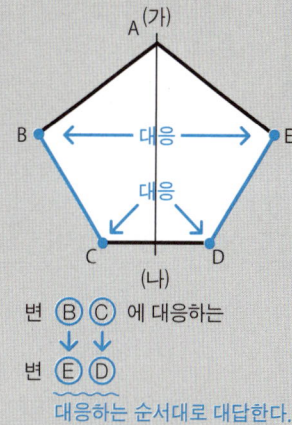

연습문제

오른쪽 정육각형에 대해 다음 문제에 답하세요.

(1) 정육각형에는 대칭축이 몇 개 있습니까?

(2) 직선 AD를 대칭축으로 했을 때, 점 C에 대응하는 점은 어느 것입니까?

(3) 직선 AD를 대칭축으로 했을 때, 변 BC에 대응하는 변은 어느 것입니까?

(4) 직선 AD를 대칭축으로 했을 때, 각 F에 대응하는 각은 어느 것입니까?

해답

(1) 정육각형에는 오른쪽과 같이 6개의 대칭축이 있습니다. 이와 같이 대칭축은 1개가 아니므로 주의해야 합니다.

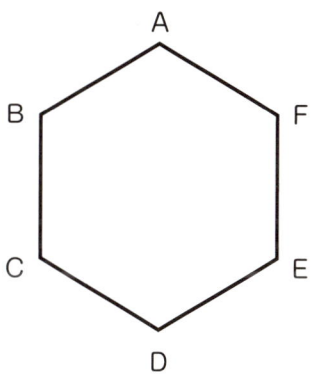

답   6개

(2) 직선 AD를 접는 면으로 했을 때, 점 C에 겹쳐지는 것은 점 E

(3) 직선 AD를 접는 면으로 했을 때, 변 BC에 겹쳐지는 것은 변 FE

(4) 직선 AD를 접는 면으로 했을 때, 각 F에 겹쳐지는 것은 각 B

PART 5 ▶ 평면 도형 ⟨5학년⟩

9 점대칭이란?

핵심 포인트!
180도 회전시켜서 완전히 겹쳐진다면 점대칭!

오른쪽의 평행사변형은 점 O를 중심으로 180도 회전시키면, 원래의 형태로 완전히 겹쳐집니다.

이와 같은 도형을 점대칭 도형이라고 합니다. 그리고 점 O를 대칭의 중심이라고 합니다.

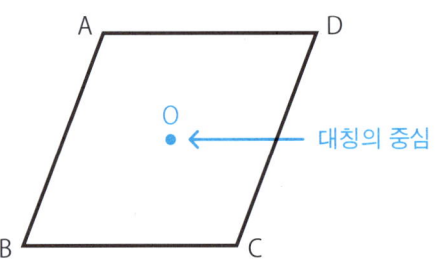

대응하는 점	대응하는 변	대응하는 각

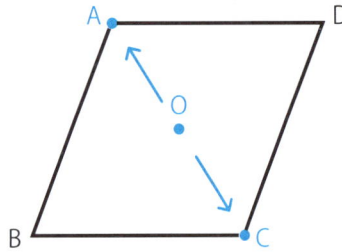 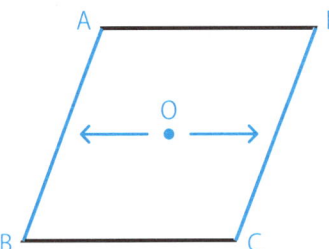 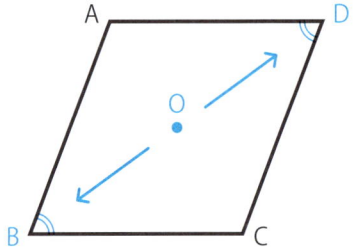

이 평행사변형을 점 O를 중심으로 180도 회전시키면, 점 A와 점 C는 겹쳐집니다. 이와 같이 **겹쳐지는 점**을 대응점이라고 합니다.

변 AB와 변 CD가 겹쳐집니다. 이와 같이 **겹쳐지는 변**을 대응변이라고 합니다.

각 B와 각 D가 겹치게 됩니다. 이와 같이 **겹쳐지는 각**을 대응각이라고 합니다.

점대칭 도형에서는 대응변의 길이가 같고, 대응각의 크기도 같습니다.

꼭 가르쳐야 할 핵심 포인트!

점대칭인지 아닌지 간단하게 알 수 있는 방법

어떤 도형이 점대칭 도형인지 아닌지 간단하게 알 수 있는 방법이 있습니다. 도형이 그려져 있는 종이(또는 책)를 거꾸로 했을 때 같은 도형이라면 점대칭 도형입니다. 예를 들어, 평행사변형 ABCD에서 다음과 같이 거꾸로해도 같은 모양이 됩니다. 그래서 점대칭 모양이라고 할 수 있습니다.

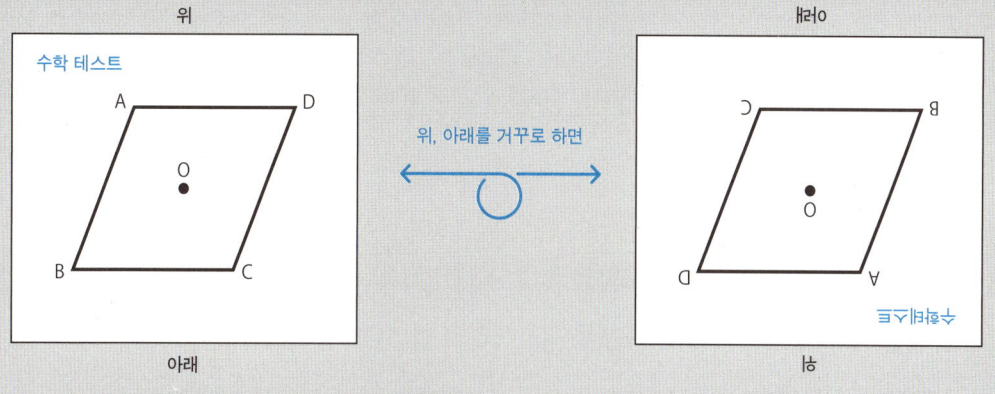

※ 엄밀히 말하면 '대칭의 중심'을 중심으로 회전시켜야 하지만, 편의상 간단하게 알 수 있는 방법으로 이해해 주세요.

연습문제

오른쪽 도형은 점대칭 도형으로 점 O는 대칭의 중심입니다. 이 도형에 대해 다음 문제에 답하세요.

(1) 점 C에 대응하는 점은 어느 것입니까?
(2) 변 AB에 대응하는 변은 어느 것입니까?
(3) 각 H에 대응하는 각은 어느 것입니까?

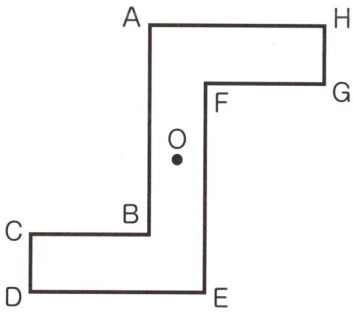

해답

(1) 점 O를 중심으로 180도 회전시키면, 점 C에 겹쳐지는 것은 점 G

(2) 점 O를 중심으로 180도 회전시키면, 변 AB에 겹쳐지는 것은 변 EF

(3) 점 O를 중심으로 180도 회전시키면, 각 H에 겹쳐지는 것은 각 D

PART 5 ▶ 평면 도형 ⟨5학년, 확장⟩

10 확대도와 축소도

> **핵심 포인트!**
> 확대도와 축소도는 **동전의 앞면, 뒷면**과 같은 관계!

한 도형을 같은 형태 그대로 크게 한 도형을 확대도라고 합니다.
한 도형을 같은 형태 그대로 작게 한 도형을 축소도라고 합니다.

오른쪽 삼각형 ABC의 모든 변의 길이를 2배로 하면, 삼각형 DEF가 됩니다.

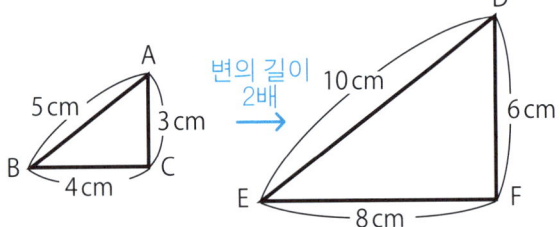

이때, 삼각형 DEF를 삼각형 ABC의 2배 확대도라고 합니다.
(변의 길이를 3배로 한 확대도라면, 3배 확대도입니다.)

한편 삼각형 ABC를, 삼각형 DEF의 $\frac{1}{2}$ 축소도라고 합니다.

예를 들면, 삼각형 ABC의 각 B는 삼각형 DEF의 각 E에 해당합니다.
이때 '각 B에 대응하는 각은 각 E'라고 합니다.
확대도와 축소도에서는 대응하는 각의 크기가 모두 같습니다.

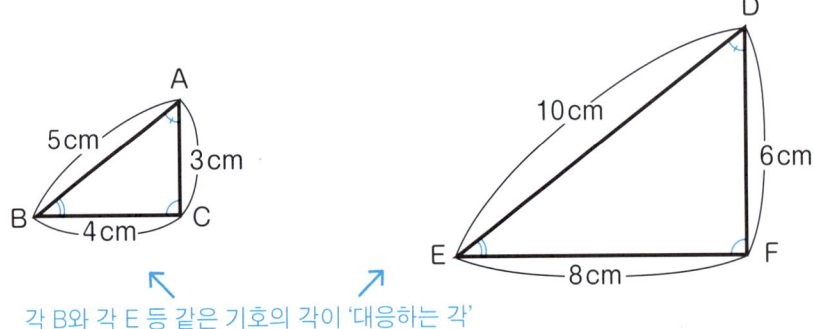

각 B와 각 E 등 같은 기호의 각이 '대응하는 각'

꼭 가르쳐야 할 핵심 포인트!

확대도와 축소도의 관계

확대도와 축소도는 '동전의 앞 뒷면'과 같은 관계입니다. 조금 전에 설명한 삼각형 ABC와 삼각형 DEF의 관계는 오른쪽과 같이 됩니다.

확대도와 축소도를 따로 따로 가르치지 말고, 한 세트라는 점을 강조해서 가르쳐 주세요.

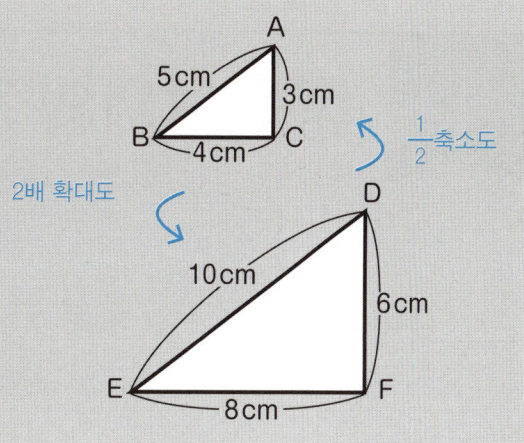

연습문제

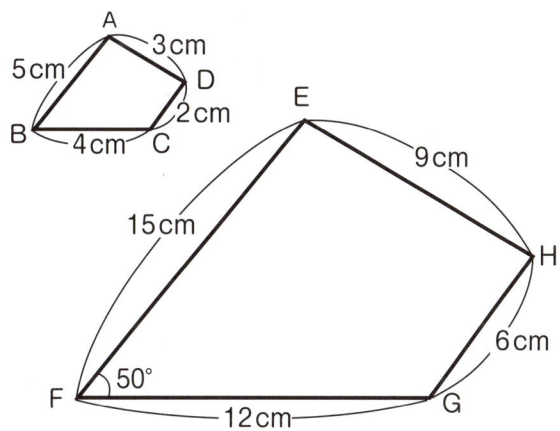

사각형 ABCD를 확대한 도형이 사각형 EFGH입니다. 다음 질문에 답하세요.

(1) 사각형 EFGH는 사각형 ABCD의 몇 배 확대도입니까?

(2) 사각형 ABCD는 사각형 EFGH의 몇 분의 1 축소도입니까?

(3) 각 B는 몇 도입니까?

해답

(1) 사각형 ABCD의 모든 변의 길이를 3배로 한 도형이 사각형 EFGH입니다.

　　　　　　　　　　　　　　　　　　답　　3배 확대도

(2) 사각형 EFGH의 모든 변의 길이를 $\frac{1}{3}$로 축소한 도형이 사각형 ABCD입니다.

　　　　　　　　　　　　　　　　　　답　$\frac{1}{3}$ 축소도

(3) 50도인 각 F와 각 B는 대응하는 각입니다. 대응하는 각의 크기는 같으므로 각 B도 50도입니다.

　　　　　　　　　　　　　　　　　　답　　50도

PART 6 ▶ 입체 도형 ⟨4학년, 5학년⟩

1. 정육면체와 직육면체의 부피

핵심 포인트! 다음 두 가지 공식을 외워 두세요.
정육면체의 부피 = 1변 × 1변 × 1변
직육면체의 부피 = 세로 × 가로 × 높이

정사각형만으로 둘러싸인 입체 도형을 정육면체라고 합니다. 직사각형 또는 직사각형과 정사각형으로 둘러싼 입체 도형을 직육면체라고 합니다.

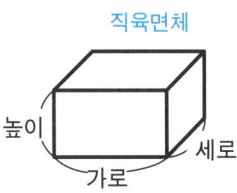

입체 도형의 크기를 부피라고 합니다.
초등학교 수학에 자주 나오는 부피의 단위는 ㎤(읽는 법은 세제곱센티미터)입니다. 한 변이 1cm인 정육면체의 부피는 1㎤입니다.

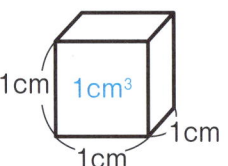

예제 오른쪽 입체 도형의 부피를 각각 구하세요.

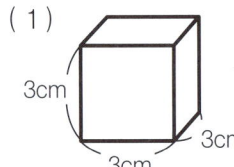 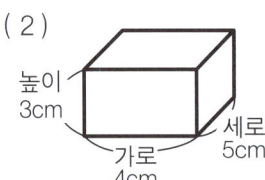

해답

(1) '정육면체의 부피 = 1변 × 1변 × 1변'이므로 3 × 3 × 3 = **27cm³**

(2) '직육면체의 부피 = 세로 × 가로 × 높이'이므로 5 × 4 × 3 = **60cm³**

연습문제 1

오른쪽 입체 도형의 부피를 각각 구하세요.

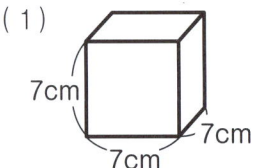 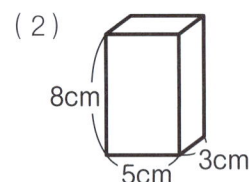

해답

(1) '정육면체의 부피 = 1변 × 1변 × 1변'이므로
7 × 7 × 7 = 343cm³

(2) '직육면체의 부피 = 세로 × 가로 × 높이'이므로
3 × 5 × 8 = 120cm³

연습문제 2

오른쪽의 입체 도형은 직육면체와 정육면체를 조합한 형태입니다.
이 입체 도형의 부피를 구하세요.

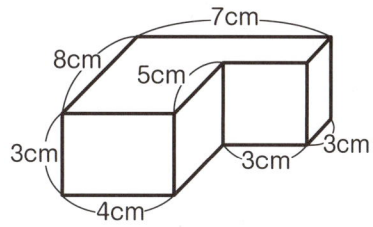

해답

풀이법 1 ▶ 직육면체와 정육면체로 나눠서 부피의 합을 구한다.

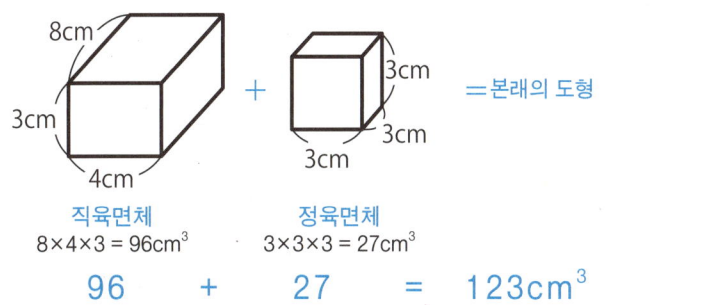

직육면체
$8 \times 4 \times 3 = 96 cm^3$

정육면체
$3 \times 3 \times 3 = 27 cm^3$

96 + 27 = 123cm^3 답   123cm^3

풀이법 2 ▶ 큰 직육면체에서 작은 직육면체를 잘라낸 도형이라고 생각한다.

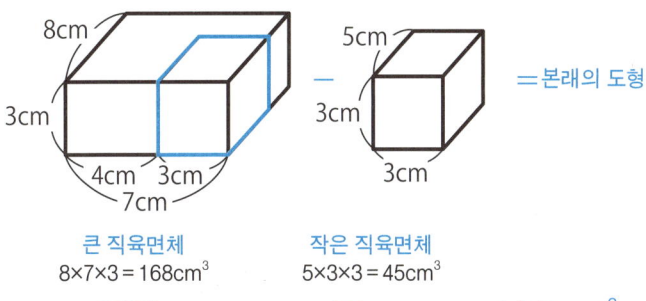

큰 직육면체
$8 \times 7 \times 3 = 168 cm^3$

작은 직육면체
$5 \times 3 \times 3 = 45 cm^3$

168 − 45 = 123cm^3 답   123cm^3

꼭 가르쳐야 할 핵심 포인트!

입체 도형을 다양한 시각으로 보자

연습문제 2 에서는 풀이법 1과 풀이법 2 중 어느 쪽으로도 풀 수 있도록 가르쳐 주세요. 하나의 입체 도형을 다양한 시각으로 볼 수 있게 되는 것이 중요합니다.
해답에는 수록하지 않았지만, 오른쪽과 같이 2개의 직육면체로 나누어 구하는 방법도 있습니다.

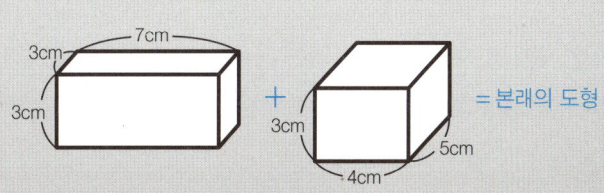

직육면체
$3 \times 7 \times 3 = 63 cm^3$

직육면체
$5 \times 4 \times 3 = 60 cm^3$

63 + 60 = 123cm^3

PART 6 ▶ 입체 도형 〈5학년〉

2 들이란?

> **핵심 포인트!**
> **들이**와 **부피**의 **차이**를 알아 두세요!

용기 안에 가득 들어가는 물의 부피를 들이라고 합니다.

들이의 단위는 L(리터)입니다.

$1L = 1,000 cm^3$ 입니다.

용기 안쪽의 길이를 안 치수라고 합니다.

예제

다음 용기의 들이는 몇 ㎤입니까? 또한 몇 L입니까?
단 용기의 두께는 생각하지 않기로 합니다.

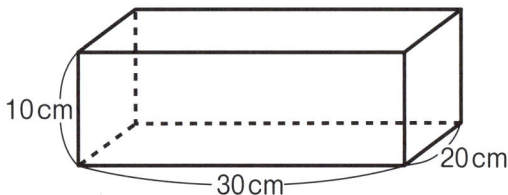

해답

들이는 용기 안에 가득 들어가는 물의 부피를 말합니다. 이 용기는 직육면체의 모양이므로,

'직육면체의 부피 = 세로 × 가로 × 높이'로 들이를 구합니다.

20×30×10=6000㎤

'1L=1000㎤'이므로 6000㎤=6L입니다.

답 $6000 cm^3$, 6L

연습문제

오른쪽 용기에 대해서 다음 문제에 답하세요.

(1) 이 용기의 들이는 몇 cm³입니까?

(2) 이 용기의 부피는 몇 cm³입니까?

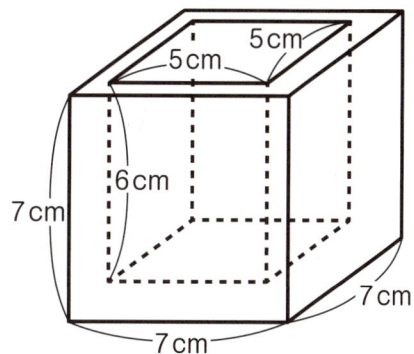

해답

(1) 들이는 용기 안에 가득 들어가는 물의 부피를 말합니다. 이 용기의 안 치수(들이의 안쪽 길이)는 세로 5cm, 가로 5cm, 높이(깊이) 6cm입니다. '직육면체의 부피 = 세로×가로×높이'로 들이를 구합니다.

5×5×6 = 150

답   150cm³

(2) 이 용기의 외측은 1변이 7cm인 정육면체의 모양을 하고 있습니다. 그러므로 용기의 부피는 1변 7cm의 정육면체의 들이를 빼면 구할 수 있습니다.

7×7×7-150 = 193

답   193cm³

※ 아래 꼭 가르쳐야 할 핵심 포인트! 도 참고하세요.

꼭 가르쳐야 할 핵심 포인트!

들이와 부피(체적)의 차이는 무엇?

아이에게 '들이와 부피의 차이는 뭐지?'라고 물었을 때 정확하게 대답할 수 있습니까? 들이의 의미는 '용기 안에 가득 들어가는 물의 부피'입니다. 의미만 생각하면 '들이도 부피의 하나'이기 때문에 아이가 혼란스러울 수 있습니다.

따라서 들이와 부피의 차이는 위의 연습문제 를 설명하면서 이해시켜 주세요.

연습문제 (1)에서 알 수 있듯이 용기의 들이는 용기에 들어가는 물의 부피이므로 세로 5cm, 가로 5cm, 높이 6cm 직육면체의 부피가 됩니다.

한편 연습문제 (2)에서 알 수 있듯이 용기의 부피는 용기 자체의 크기이므로 1변이 7cm인 정육면체의 부피에서 들이를 빼면 구할 수 있습니다.

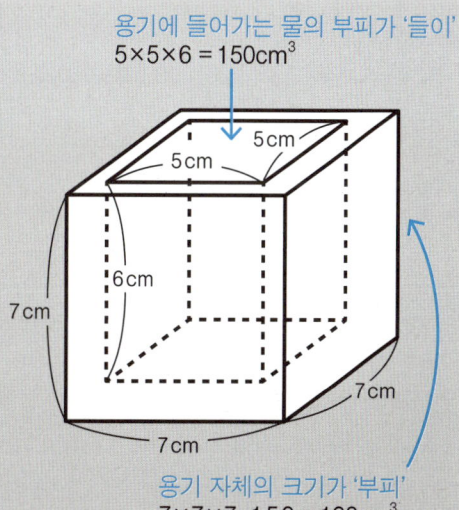

용기에 들어가는 물의 부피가 '들이'
5×5×6 = 150cm³

용기 자체의 크기가 '부피'
7×7×7-150 = 193cm³

PART 6 ▶ 입체 도형 〈6학년〉

3 각기둥의 부피

> **핵심 포인트!**
> 각기둥의 부피는 **밑넓이 × 높이**로 구하자!

1 각기둥이란?

오른쪽과 같은 입체를 **각기둥**이라고 합니다.
※ 직육면체 및 정육면체도 각기둥 중의 하나입니다.

밑면…상하로 마주보는 두 면

밑넓이…하나의 밑면의 넓이

옆면…주변의 직육면체(또는 정육면체)

각주의 **밑면이 삼각형**이면, 그 각기둥을 **삼각기둥**이라고 합니다.

각주의 **밑면이 사각형**이면, 그 각기둥을 **사각기둥**이라고 합니다.

이와 같이 각기둥은 밑면의 형태에 따라 부르는 이름이 달라집니다.

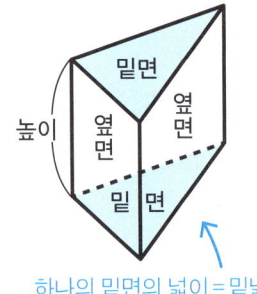
하나의 밑면의 넓이 = 밑넓이

삼각기둥
(밑면이 삼각형)

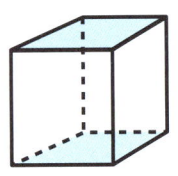
사각기둥
(밑면이 사각형)

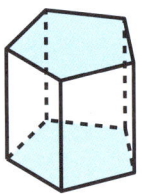
오각기둥
(밑면이 오각형)

> **꼭 가르쳐야 할 핵심 포인트!**
>
> **각기둥의 밑면은 2개**
>
> 아이에게 '각 기둥의 밑면은 몇 개?'라고 물었을 때 '하나!'라는 대답이 돌아오는 경우가 있습니다. 그러나 **올바른 답은 '2개'**입니다.
> 밑면의 '밑'이라는 글자는 '바닥'이라고 읽으므로 '밑면 = 바닥면'과 착각하는 아이가 있습니다. 각기둥에서는 **아래의 면뿐만 아니라 윗면도 밑면**이라는 것을 꼭 가르쳐 주세요.
>
>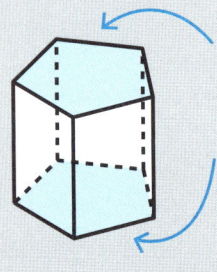
> 밑면은 2개
> (윗면도 밑면)
>
> ※밑면에는 '바닥 면'이라는 의미도 있지만, 수학 용어에서 '밑면'의 의미는 왼쪽 설명과 같이 구별해 주세요.
> ※다음 단원에서 설명하는 '원기둥'의 밑면도 2개입니다.

2 각기둥의 부피를 구하는 방법

각기둥의 부피는 '밑넓이 × 높이'로 구할 수 있습니다.

예제 오른쪽 입체 도형의 부피를 구하세요.

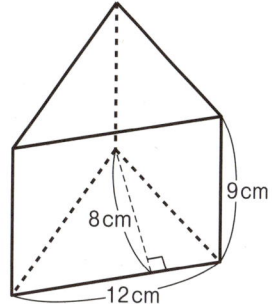

해답

이 각기둥의 밑면은 삼각형이므로

밑넓이는 '12 × 8 ÷ 2 = 48㎠'입니다.

'각기둥의 부피 = 밑넓이 × 높이'이므로

48 × 9 = **432cm³**

연습문제

다음 입체 도형의 부피를 구하세요.

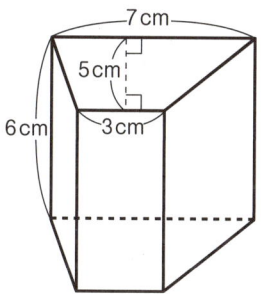

해답

이 각기둥의 밑면은 사다리꼴로, 밑넓이는 (7+3)×5÷2=25㎠ 입니다.

'각기둥의 부피 = 밑넓이 × 높이'이므로, 25 × 6 = **150cm³**

재미 있는 수학 이야기 '꼭지점의 수 + 면의 수 - 변의 수'는 반드시 2가 된다.

각기둥과 같이 평면으로 둘러싸여 있는 입체 도형 '다면체'에 대해서 수학자들이 재미있는 규칙을 발견했습니다. 그것은 '꼭지점의 수 + 면의 수 - 변의 수'는 반드시 2가 된다는 규칙입니다.
예를 들면, 삼각기둥은 꼭지점의 수가 6개, 면의 수가 5면, 변의 수가 9개입니다. 이것을 공식에 대입해 보면, '6+5-9=2'가 됩니다.
마찬가지로 사각기둥은 '8 + 6 - 12 = 2'로 역시 2가 됩니다. 수학의 매력을 느낄 수 있는 공식이죠~

PART 6 ▶ 입체 도형 ⟨6학년⟩

4. 원기둥의 부피

핵심 포인트!
원기둥의 부피도 밑넓이×높이로 구하자!

1 원기둥이란?

오른쪽과 같은 입체 도형을 <u>원기둥</u>이라고 합니다.

밑면…위아래로 마주보는 2개의 원

밑넓이… 1개 밑면의 넓이

옆면…주변의 곡면

2 원기둥의 부피를 구하는 방법

원기둥의 부피도 각기둥의 부피와 마찬가지로 '**밑넓이 × 높이**'로 구할 수 있습니다.

예제 다음 입체 도형의 부피를 구하세요.
단 원주율은 3.14로 합니다.

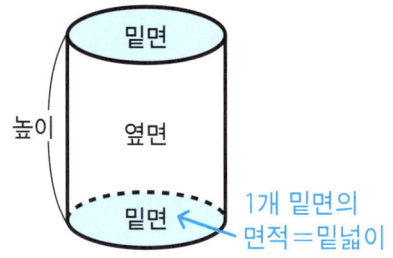

해답

밑면은 반지름 4cm의 원이므로 밑넓이는 '4 × 4 × 3.14'로 구할 수 있습니다.

'원기둥의 부피 = 밑넓이 × 높이'이므로

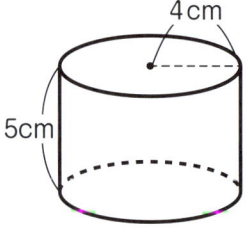

= 80 × 3.14
= 251.2

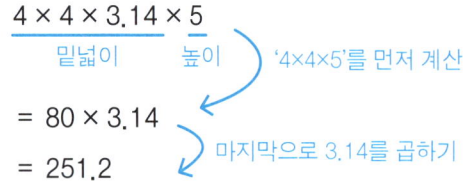

답   251.2cm³

※ 🔖 꼭 가르쳐야 할 핵심 포인트! 를 참고하세요.

꼭 가르쳐야 할 핵심 포인트!

3.14의 곱셈은 나중에!

예제 에서는 '4 × 4 × 3.14 × 5'라는 계산이 필요했습니다. 이 계산을 왼쪽부터 순서대로 풀면 16× 3.14를 계산하여 50.24, 그리고 50.24에 5를 곱하여 251.2를 구합니다만, 꽤 번거롭습니다. 여기서 계산하는 방법을 연구해 봅시다. 곱셈만으로 이루어진 식에서는 어디서부터 먼저 계산해도 된다는 공식이 있습니다. 그러므로 '4 × 4 × 5'를 먼저 계산하여 80으로 하고, 그 80에 3.14를 곱하면 251.2를 간단하게 구할 수 있습니다. 3.14의 계산을 나중에 하는 것이 편하다고 가르쳐 주세요.

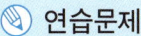 **각기둥과 원기둥의 부피를 구하는 방법**

공식은 '부피 = 밑넓이 × 높이'

각기둥도 원기둥도 부피는 '밑넓이 × 높이'로 구할 수 있습니다.

'각기둥의 부피 = 밑넓이 × 높이', '원기둥의 부피 = 밑넓이 × 높이'라고 따로 외우지 말고,

'~기둥의 부피 = 밑넓이 × 높이'라고 세트로 외워 두세요.

연습문제

다음 입체 도형의 부피를 각각 구하세요. 단 원주율은 3.14로 합니다.

(1) 원기둥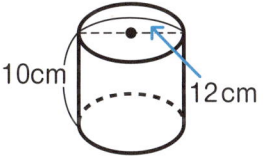

(2) 원기둥을 반으로 나눈 도형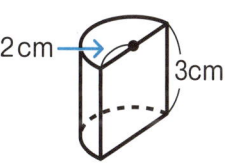

해답

(1) 밑면의 반지름은 12÷2=6cm 입니다.
밑면은 반지름 6cm의 원이므로 밑넓이는
'6 × 6 × 3.14'로 구할 수 있습니다.
'원기둥의 부피 = 밑넓이 × 높이'이므로
오른쪽 식과 같이 구할 수 있습니다.

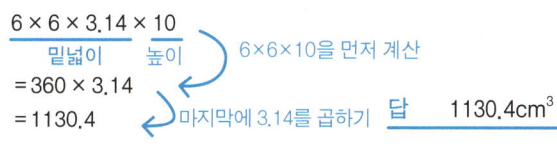

= 360 × 3.14
= 1130.4

답 1130.4cm³

(2) 반원을 밑면이라고 생각하고 '밑넓이(반원의 넓이)×높이'로 풉니다. 밑면인 반원의 넓이는
'2 × 2 × 3.14 ÷ 2'로 구할 수 있습니다.
'~기둥의 부피 = 밑넓이 × 높이'이므로
오른쪽 식과 같이 구할 수 있습니다.

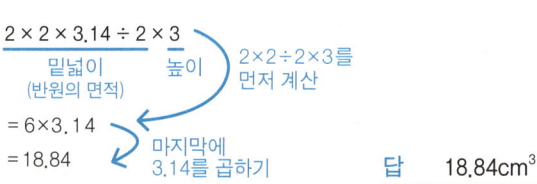

= 6 × 3.14
= 18.84

답 18.84cm³

PART 7 ▶ 단위량의 크기 〈 5학년 〉

1 평균이란?

> **핵심 포인트!** 평균, 개수, 합계 세 가지의 관계를 알아 두자!

평균은 몇 개의 수와 양을 같은 크기가 되도록 나눈 것입니다.
평균, 개수, 합계는 오른쪽 넓이도(수량의 관계를 나타낸 직사각형 그림)로 나타낼 수 있습니다.

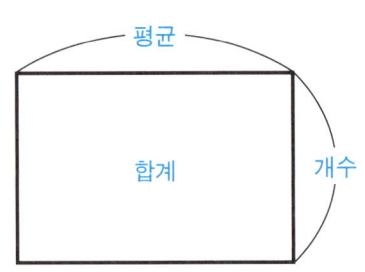

넓이도에서 다음 세 가지 식을 유추해 낼 수 있습니다.

평균의 3 공식
평균 = 합계 ÷ 개수
개수 = 합계 ÷ 평균
합계 = 평균 × 개수

예제 다음 사과 무게의 평균을 구하세요.

255g 248g 261g 253g 243g

해답

'평균 = 합계 ÷ 개수'이므로 먼저 합계를 구합니다.

사과 5개의 합계는

'255 + 248 + 261 + 253 + 243 = 1260'입니다.

합계 1260을 개수 5개로 나누면 평균을 구할 수 있으므로

1260 ÷ 5 = 252(g)

답 252g

꼭 가르쳐야 할 핵심 포인트!

넓이도를 사용하여 평균 문제를 풀자!

평균, 개수, 합계 3가지 관계를 알아 두는 것이 중요합니다. 공식을 완전히 이해할 때까지는 넓이도를 사용해서 푸는 방법이 있습니다.

예제 에서 사과는 모두 5개, 모두 더한 무게는 1260g이었습니다. 이것을 넓이도에 써 넣으면 오른쪽과 같이 됩니다.

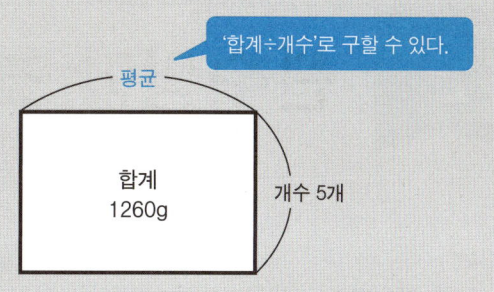

여기에서는 평균(직사각형의 가로)을 구하려는 것이므로 합계(직사각형의 넓이)를 개수(직사각형의 세로)로 나누면 됩니다. 이에 따라 '1260 ÷ 5 = 252g'라고 구할 수 있습니다. 이후의 문제도 공식이 생각나지 않으면 넓이도를 사용하여 풀면 쉽습니다.

연습문제

다음 문제에 답하세요.

(1) 한 학급에서 수학 테스트가 있었고, 평균점은 82점이었습니다. 그리고 이 학급 전체의 테스트 총점은 3198점이었습니다. 이 학급의 인원 수는 몇 명입니까?

(2) 47개의 귤이 있고, 1개당 평균 무게는 77g이었습니다. 귤 47개의 전체 무게는 몇 g입니까?

해답

(1) '개수(인원 수) = 합계 ÷ 평균'이므로 합계점(3198점)을 평균점(82점)으로 나누세요.

3198 ÷ 82 = 39(명)

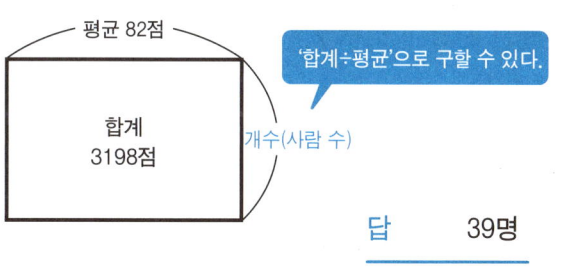

답 39명

(2) '합계 = 평균 × 개수'이므로 1개당 평균 중량(77g)과 개수(47개)를 곱하세요.

77 × 47 = 3619(g)

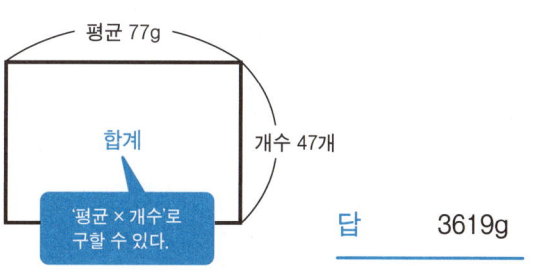

답 3619g

PART 7 ▶ 단위량당 크기　　　〈5학년〉

2　단위량당 크기

> **핵심 포인트!**
> 단위량당 크기는 '1개당 크기'이다!

1㎡당 2명, 1L당 15km, 1m당 30g 등과 같이 1개당 크기로 나타낸 양을 '단위량당 크기'라고 합니다.

연습문제 1

오른쪽 표는 A 공원과 B 공원의 넓이, 그리고 공원에서 놀고 있는 아이들의 인원 수를 나타내고 있습니다. A 공원과 B 공원 중 어느 쪽이 혼잡할까요?

	넓이(m^2)	인원 수(명)
A 공원	150	30
B 공원	240	60

해답

풀이법 1 ▶ 1m^2당 인원 수로 조사한다.

인원 수(~명)를 넓이(~㎡)로 나누면 1㎡당 인원 수를 구할 수 있습니다.
A 공원에서는 150㎡에 30명의 아이들이 놀고 있으므로, 1㎡당 인원 수는 30 ÷ 150 = 0.2명
B 공원에서는 240㎡에 60명의 아이들이 놀고 있으므로, 1㎡당 인원 수는 60 ÷ 2540 = 0.25명
A 공원은 1㎡당 0.2명이고, B 공원은 1㎡당 0.25명이므로 B 공원 쪽이 더 혼잡합니다.

　　　　　　　　　　　　　　　　　　　　　　　　　　　답　　A 공원

풀이법 2 ▶ 1명당 면적으로 조사한다.

넓이(~㎡)를 인원 수(~명)로 나누면 1㎡당 인원 수를 구할 수 있습니다.
A공원에서는 150㎡에 30명의 아이들이 놀고 있으므로, 1명당 넓이는 150 ÷ 30 = 5㎡
B공원에서는 240㎡에 60명의 아이들이 놀고 있으므로, 1명당 넓이는 240 ÷ 60 = 4㎡
A공원은 1명당 5㎡이고, B공원은 1명당 4㎡이므로 B 공원 쪽이 더 혼잡합니다.

　　　　　　　　　　　　　　　　　　　　　　　　　　　답　　B 공원

꼭 가르쳐야 할 핵심 포인트!

1m²당? 1명당?

연습문제1 의 두 가지 풀이법은 구별할 수 있나요?
풀이법 1에서는 1㎡당 인원 수를 비교하여 혼잡한 정도를 조사합니다. 1㎡당 인원 수가 많은 쪽이 혼잡하므로 B공원 쪽이 더 혼잡하다는 것을 알 수 있습니다.

풀이법 2에서는 1명당 넓이를 비교하여 혼잡한 정도를 조사합니다. 1명당 넓이는 '1명이 차지하는 공간의 크기'이므로 1명당 넓이가 작은 쪽이 더 혼잡하다고 할 수 있습니다. 따라서 B공원 쪽이 더 혼잡하다는 것을 알 수 있습니다.

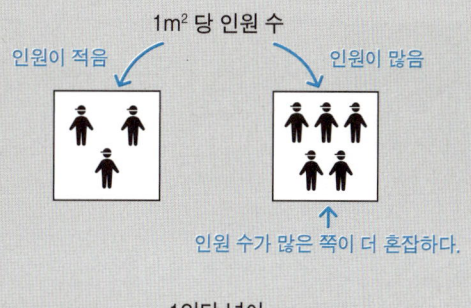

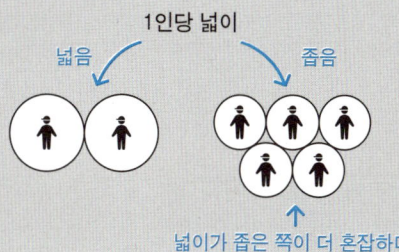

조금 혼란스러울 수도 있겠으나, 두 가지 풀이법 모두 이해할 수 있도록 차근차근 가르쳐 주세요.

인구밀도를 구하는 방법

공식은 '인구를 넓이로 나누기'

인구밀도는 1㎢당 인구를 말합니다. 인구밀도가 높을수록 그 국가와 지역이 혼잡하다는 것을 나타냅니다.

$$\text{인구밀도} = \text{인구} \div \text{넓이}$$

 연습문제 2

오른쪽 표는 A 마을과 B 마을의 넓이와 인구를 나타내고 있습니다. A 마을과 B 마을 중에서 어느 쪽이 혼잡할까요?

	넓이(km²)	인구(명)
A 마을	39	5148
B 마을	51	6528

해답

인구밀도 = 인구 ÷ 넓이이므로 A 마을과 B 마을의 인구밀도를 구하여 혼잡한 정도를 비교합니다.
A 마을의 인구밀도는 5148 ÷ 39 = 132명
B 마을의 인구밀도는 6528 ÷ 51 = 128명
인구밀도(1km²당 인구)는 A 마을이 높으므로, A 마을이 더 혼잡합니다.

답   **A 마을**

PART 7 ▶ 단위량의 크기 〈 2학년 ~ 6학년 〉

3 여러 가지 단위

핵심 포인트! k(킬로)는 1000배를 나타내며, m(밀리)는 $\frac{1}{1000}$ 배를 나타냅니다.

길이, 무게, 넓이 등 여러 가지 단위가 있는데, 각각의 관계를 외우는데 힘들어하는 아이가 많은 것 같습니다. 여기에서는 단위의 관계를 완전히 이해하는 비법을 설명합니다.

1 k(킬로)와 m(밀리)의 의미

k(킬로)는 1000배를 나타내고, m(밀리)는 $\frac{1}{1000}$ 배를 나타냅니다. 예를 들면 1g(그램)에 k(킬로)가 붙으면 1000배인 1kg(킬로그램)이 됩니다. 1g에 m(밀리)가 붙으면 $\frac{1}{1000}$ 배인 1mg(밀리그램)이 됩니다.

이와 같이 k(킬로)와 m(밀리)의 의미를 아는 것만으로도 오른쪽의 단위 관계를 모두 알 수 있습니다.

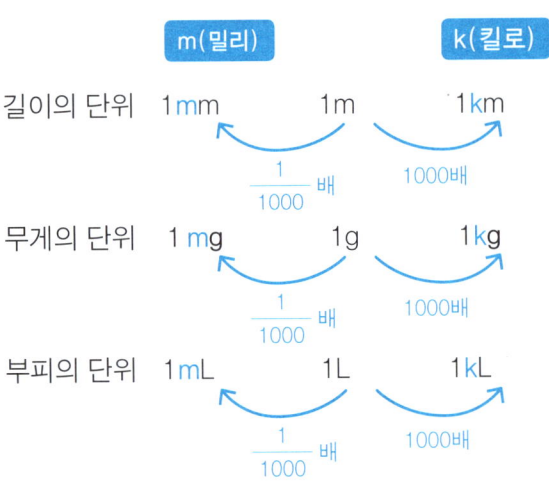

2 cm^2 와 m^2 의 관계

넓이의 단위인 cm^2 와 m^2 의 관계는 그대로 암기하지 않아도 유추해 낼 수 있습니다.
cm^2 와 m^2 의 관계에 대해서 $1m^2$ 가 몇 cm^2 인지 조사해 봅시다.

$1m^2$ 는 1변이 1m인 정사각형의 넓이입니다. 오른쪽과 같이 1변이 1m인 정사각형을 그려 봅시다.

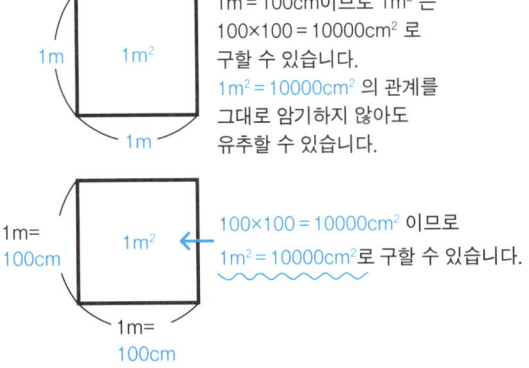

1m = 100cm이므로 $1m^2$ 는 100×100 = 10000cm^2 로 구할 수 있습니다.
$1m^2$ = 10000cm^2 의 관계를 그대로 암기하지 않아도 유추할 수 있습니다.

100×100 = 10000cm^2 이므로 $1m^2$ = 10000cm^2 로 구할 수 있습니다.

✋ 연습문제

1㎢는 몇 ㎡입니까? 1변이 1km인 정사각형의 그림을 그리고 유추해 봅시다.

해답

1변이 1km인 정사각형 그림을 그립니다.
1km = 1000m이므로 1㎢는 1000×1000 = 1000000㎡로 유추할 수 있습니다.

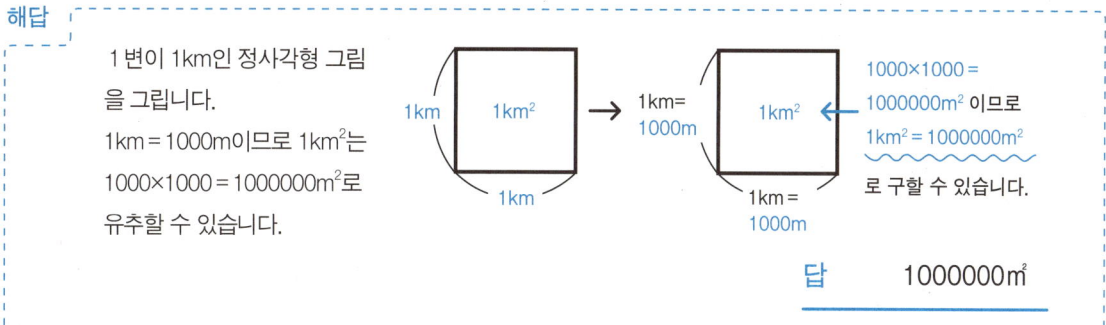

$1000 \times 1000 = 1000000 m^2$ 이므로
$1 km^2 = 1000000 m^2$
로 구할 수 있습니다.

답   1000000㎡

3 cm^3 와 m^3 의 관계

cm^3와 m^3의 관계도 그대로 암기하지 않아도 유추할 수 있습니다.
cm^3와 m^3의 관계에 대해서 **$1m^3$가 몇 cm^3인지** 조사해 보세요.

$1m^3$는 1변이 1m인 정육면체의 부피입니다. 오른쪽과 같이 1변이 1m인 정육면체를 유추할 수 있습니다.

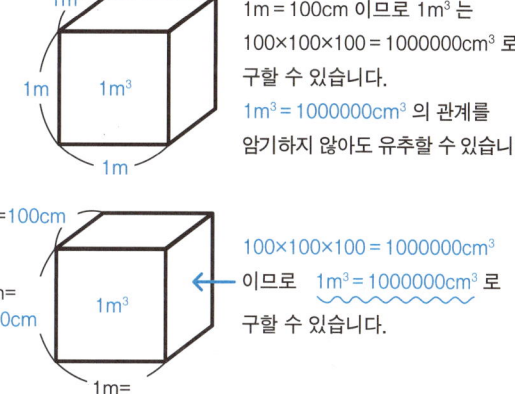

1m = 100cm 이므로 $1m^3$는
$100 \times 100 \times 100 = 1000000 cm^3$ 로 구할 수 있습니다.
$1m^3 = 1000000 cm^3$ 의 관계를 암기하지 않아도 유추할 수 있습니다.

$100 \times 100 \times 100 = 1000000 cm^3$ 이므로 $1m^3 = 1000000 cm^3$ 로 구할 수 있습니다.

 꼭 가르쳐야 할 핵심 포인트!

초등학교에서 알아 두어야 하는 단위의 관계

그대로 암기하지 않아도 유추할 수 있는 단위의 관계가 있는가 하면, '1a=100㎡'라고 **그대로 암기해야만 하는 단위의 관계**도 있습니다. 두 경우 모두 포함하여 초등학교를 졸업할 때까지 다음 단위의 관계를 알아 두세요.

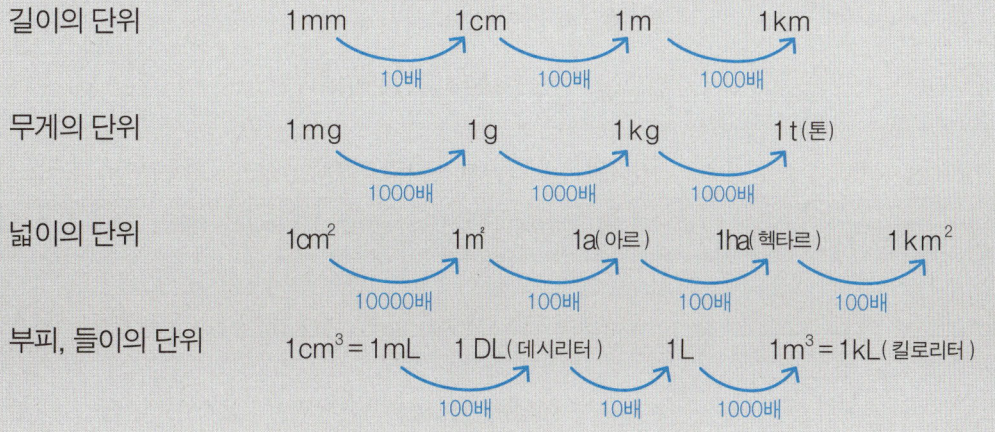

PART 7 ▶ 단위량의 크기　　〈2학년 ~ 6학년〉

4 단위의 환산

> **핵심 포인트!**
> 단위 환산은 기본 단위를 바탕으로 푼다!

예를 들어 '3kg은 몇 g인가?'를 생각해 봅시다.
Kg(킬로그램)과 g(그램)의 기본 관계는 '1kg=1000g'이므로 3kg은 3000g입니다.
이와 같이 **어느 단위를 다른 단위로 바꾸는 것**을 단위의 환산(혹은 단위 환산)이라고 합니다.

예제 다음 괄호 안에 맞는 수를 답하세요.

(1) 2.15kg = (　　)g　　　　(2) 35cm = (　　)m

해답

(1)　1kg = 1000g
　　　（1000을 곱한다.）

Kg(킬로그램)과 g(그램)의 기본 관계는 '1kg=1000g'이므로
kg을 g으로 고치기 위해서는 **1000을 곱하면** 됩니다.

　　　2.15kg = **2150** g
　　　（1000을 곱한다.）

2.15 × 1000 = 2150이므로
2.15kg = 2150g입니다.

답　2150

(2)　100cm = 1m
　　　（100으로 나눈다.）

cm(센치미터)와 m(미터)의 기본 관계는 '100cm=1m'이므로
cm를 m으로 고치기 위해서는 **100으로 나누면** 됩니다.

　　　35cm = **0.35** m
　　　（100으로 나눈다.）

35 ÷ 100 = 0.35이므로
35cm = 0.35m 입니다.

답　0.35

꼭 가르쳐야 할 핵심 포인트!

단위 환산은 기본 단위에서 생각한다.

예제 (1)에서 기본 단위인 '1kg=1000g'에서 kg(킬로그램)을 g(그램)으로 고치기 위해서는 1000을 곱하면 된다는 사실을 알 수 있습니다. 한편, (2)에서는 기본 단위인 '100cm=1m'에서 cm(센티미터)를 m(미터)로 고치기 위해서는 100으로 나누면 된다는 사실을 알 수 있습니다. 이와 같이 기본 단위에서 무엇을 곱하면 되는지(무엇을 나누면 되는지)를 생각하는 것이 단위 환산의 비법입니다.

연습문제

다음 괄호 안에 맞는 수를 답하세요.
(1) 0.58ha = (   )a (2) 0.007km = (   )cm (3) 20100mL = (   )L (4) 22분 = (   )시간

해답

(1) 1ha = 100a
100을 곱한다.

0.58ha = $\boxed{58}$ a
100을 곱한다.

'1ha=100a'이므로 ha(헥타아르)를 a(아르)로 고치기 위해서는 100을 곱하면 됩니다.

0.58×100 = 58이므로 0.58ha = 58a가 됩니다.

답   58

(2) 1km = 1000m
1000을 곱한다.

0.007km = 7m
1000을 곱한다.

km를 m로 고치고 나서 다시 cm로 고칩니다. '1km=1000m'이므로 km를 m로 고치기 위해서는 1000을 곱하면 됩니다.

0.007×1000=7이므로 0.007km=7m입니다.

1m = 100cm
100을 곱한다.

7m = $\boxed{700}$ cm
100을 곱한다.

'1m=10cm'이므로 m를 cm로 고치기 위해서는 100을 곱하면 됩니다.

7×100 = 7000이므로 7m = 700cm입니다.

답   700

(3) 1000mL(밀리리터) = 1L(리터)
1000으로 나눈다.

20100mL = $\boxed{20.1}$ L
1000으로 나눈다.

'1000mL=1L'이므로 mL를 L로 고치기 위해서는 1000으로 나누면 됩니다.

20100÷1000 = 20.1이므로 20100mL = 20.1L입니다.

답   20.1

(4) 60분 = 1시간
60으로 나눈다.

22분 = $\boxed{\dfrac{11}{30}}$ 시간
60으로 나눈다.

'60분=1시간'이므로 분을 시간으로 고치기 위해서는 60으로 나누면 됩니다.

$22 \div 60 = \dfrac{22}{60} = \dfrac{11}{30}$이므로 22분 = $\dfrac{11}{30}$시간입니다.

답 $\dfrac{11}{30}$

PART 7 단위량당 크기

PART 8 ▶ 속도 ⟨6학년⟩

 속도 표시법

> **핵심 포인트!**
> 속도 □m(미터) ⇔ 시속 △km(킬로미터) 변환의 숨은 비법

속도에는 시속, 분속, 초속 등의 표시법이 있습니다.

　시속…1시간에 가는 거리를 나타낸 속도
　분속…1분에 가는 거리를 나타낸 속도
　초속…1초에 가는 거리를 나타낸 속도

예를 들면 시속 50km는 1시간에 50km 가는 속도를 나타내며, 분속 80m는 1분에 80m 가는 속도를 나타냅니다.

예제 다음 괄호 안에 맞는 수를 답하세요.

시속 48km = 분속 (　　)m

해답

시속 48km는 시간에 48km 가는 속도입니다.
1 시간 = 60분, 48km = 48000m 이므로
시속 48km는 60분에 48000m 가는 속도라고 바꿔 말할 수 있습니다.

그렇다면 분속은 1 분에 얼마를 갈까요?
60분에 48000m를 가므로 1분에는
48000 ÷ 60 = 800m 간다는 것을 알 수 있습니다.

따라서 시속 48km는 분속 800m입니다.

답　　800

정리해 보면 다음과 같습니다.

시속 48km → 1 시간에 48km를 간다.　　분속 → 1 분에 얼마를 갈까요?
　　　　　→ 60분에 48000m를 간다.　　48000 ÷ 60 = 분속 800m

꼭 가르쳐야 할 핵심 포인트!

초속 □m ⇔ 시속 △km 변환의 숨은 비법

초속 □m와 시속 △km의 변환에는 숨은 비법이 있습니다.
· 초속 □m를 시속 △km로 변환하기 위해서는 □ × 3.6을 계산하면 되고,
· 시속 △km를 초속 □m로 변환하기 위해서는 △ ÷ 3.6을 계산하면 된다는 것이 변환 비법입니다.

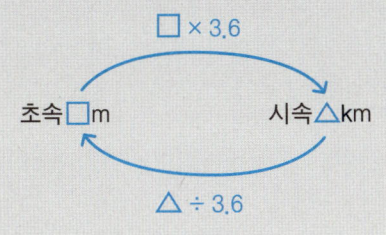
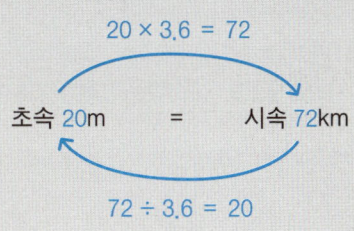

연습문제

다음 문제에 답하세요.

(1) 초속 25m는 분속 몇 m일까요? 또는 시속 몇 km일까요?
(2) 시속 54km는 분속 몇 m일까요? 또는 초속 몇 m일까요?

해답

(1) 초속 25m → 1초에 25m를 갑니다.

　　분속 → 1분(= 60초)에 얼마를 갈까요?

　　25 × 60 = 분속 1500m

　　분속 1500m → 1분에 1500m를 갑니다.

　　시속 → 1시간(= 60분)에 얼마를 갈까요?

　　1500 × 60 = 90000m → 시속 90km

※ (1)의 시속을 구하는 법의 다른 해법

　🐾 **꼭 가르쳐야 할 핵심 포인트!** 의 숨은 비법을 사용하면
　초속 25m ⇒ 25 × 3.6 = 90 ⇒ 시속 90km
　로 구할 수 있습니다.

답　　분속 1500m, 시속 90km

(2) 시속 54km → 1시간에 54km를 갑니다.
　　　　　　　→ 60분에 54000m를 갑니다.

　　분속 → 1분에 얼마를 갈까요?

　　54000 ÷ 60 = 분속 900m

　　분속 900m → 1분(= 60초)에 900m를 갑니다.

　　초속 → 1초에 얼마를 갈까요?

　　900 ÷ 60 = 초속 15m

※ (2)의 시속을 구하는 법의 다른 해법

　🐾 **꼭 가르쳐야 할 핵심 포인트!** 의 숨은 비법을 사용하면
　시속 54km ⇒ 54 ÷ 3.6 = 15 ⇒ 초속 15m
　로 구할 수 있습니다.

답　　분속 900m, 초속 15m

PART 8 ▶ 속도

2. 속도의 3공식 암기법

> **핵심 포인트!**
> 속도의 3공식은 '거·속·시' 그림으로 외우자!

속도, 거리, 시간의 관계를 나타내는 것이 속도의 3공식입니다.

속도의 3공식
① 속도 = 거리 ÷ 시간
② 거리 = 속도 × 시간
③ 시간 = 거리 ÷ 속도

속도의 3공식은 다음과 같이 '거·속·시' 그림으로 외울 수 있습니다.
'거·속·시'를 암호라고 생각하고 외워 두세요.

거는 거리, 속은 속도, 시는 시간을 나타냅니다.
구하고 싶은 것을 손가락으로 가리면 공식이 떠오릅니다.

(1) 속도를 구하고 싶을 때

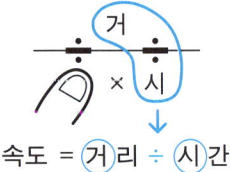

속도 = 거리 ÷ 시간

그림의 '속'을 손가락으로 가립니다. 그러면 '거 ÷ 시'가 남습니다. 즉 '속도 = 거리 ÷ 시간' 이라는 것을 알 수 있습니다.

(2) 거리를 구하고 싶을 때

거리 = 속도 × 시간

그림의 '거'를 손가락으로 가립니다. 그러면 '속 × 시'가 남습니다. 즉 '거리 = 속도 × 시간' 이라는 것을 알 수 있습니다.

(3) 시간을 구하고 싶을 때

그림의 '시'를 손가락으로 가립니다. 그러면 '거 ÷ 속'이 남습니다. 즉 '시간 = 거리 ÷ 속도' 라는 것을 알 수 있습니다.

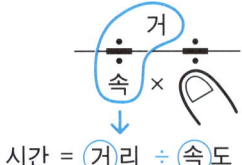

시간 = 거리 ÷ 속도

예제 어느 자동차가 288km 거리를 6시간 만에 달립니다.

(1) 이 자동차의 속도는 시속 몇 km일까요?
(2) 이 자동차가 5시간 달리면 몇 km를 갈까요?
(3) 이 자동차가 432km를 가는데 몇 시간 걸릴까요?

해답

(1) '속도 = 거리 ÷ 시간'이므로, 288 ÷ 6 = 48   답   시속 48km

(2) '거리 = 속도 × 시간'이므로, 48 × 5 = 240   답   240km

(3) '시간 = 거리 ÷ 속도'이므로, 432 ÷ 48 = 9   답   9시간

 꼭 가르쳐야 할 핵심 포인트!

단위를 맞춘 후 속도의 3공식을 사용하자!

예제 에서는 속도의 3공식에 그대로 수를 넣어서 풀면 답을 구할 수 있었습니다. 그러나 다음 **연습문제** 에서는 단위를 맞춘 후에 속도의 3공식에 수를 넣어 풀어야 합니다. 단위를 맞춘 후 푸는 문제는 틀리기 쉬우므로 주의해야 합니다.

연습문제

A는 4km 거리를 50분 만에 걷습니다.

A가 걷는 속도는 분속 몇 m일까요?
A가 2시간 걸으면 몇 km를 갔을까요?
A가 5.6km를 걷는데 걸린 시간은 몇 시간, 몇 분일까요?

해답

(1) 4km = 4000m
     속도 = 거리 ÷ 시간이므로, 4000 ÷ 50 = 80   답   분속 80m

(2) 2시간 = 120분
     거리 = 속도 × 시간이므로, 80 × 120 = 9600m = 9.6km   답   9.6km

(3) 5.6km = 5600m
     시간 = 거리 ÷ 속도이므로, 5600 ÷ 80 = 70분 = 1시간 10분   답   1시간 10분

PART 8 ▶ 속도

3. 나그네셈

〈 6학년, 확장 〉

핵심 포인트!
마주보고 가는 경우 ⇒ 속도를 더한다
쫓아가는 경우 ⇒ 속도를 뺀다

나그네셈은 두 사람(2개) 이상의 사람이나 자동차가 이동할 때, 만나거나 쫓아가는 경우의 속도를 비교 계산하는 문제를 말합니다.

예제 1

1595m 떨어진 A 마을과 B 마을이 있습니다. 언니는 분속 80m로 A 마을에서 출발하고, 동생은 분속 65m로 B 마을에서 동시에 마주보고 출발했습니다. 이 때 두 사람이 만나는 시점은 출발하고 나서 몇 분 후일까요?

해답

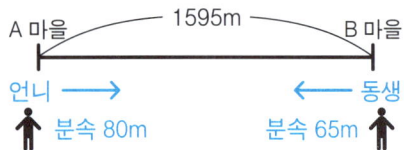

언니는 1분에 80m를 가고, 동생은 1분에 65m를 가므로, 두 사람은 1분간 '80 + 65 = 145m'씩 가까워집니다. 두 사람은 처음에 1595m 떨어져 있고, 1분에 145m씩 가까워지므로 출발하고 나서 '1595 ÷ 145 = 11분' 후에 만납니다.

답   11분 후

예제 2

차를 타고 850m 앞에 가는 동생을 언니가 쫓아갑니다. 언니 차는 분속 88m로, 동생 차는 분속 71m로 간다면 언니가 동생을 따라잡는 시점은 몇 분 후일까요?

해답

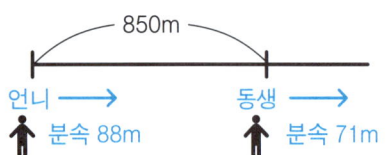

언니 차는 1분에 88m를 가고, 동생 차는 1분에 71m를 가므로, 두 사람의 차는 1분에 '88 - 71 = 17m'씩 좁혀집니다. 처음 두 사람의 거리는 850m였고, 그 차가 1분에 17m씩 가까워지므로 언니는 '850 ÷ 17 = 50분' 후에 따라잡습니다.

답   50분 후

꼭 가르쳐야 할 핵심 포인트!

속도의 합과 속도의 차

예제1 은 마주보고 가는 나그네셈으로, 두 사람의 속도를 더합니다. **예제2** 는 쫓아가는 나그네셈으로, 두 사람의 속도를 뺍니다. 따라서 마주보고 가는 나그네셈에서는 속도의 합을 구하고, 쫓아가는 나그네셈에서는 속도의 차를 구하는 것이 핵심 포인트입니다.

연습문제

다음 문제에 답하세요.

(1) 둘레의 길이가 2400m인 연못이 있습니다. 형과 동생이 같은 장소에서 동시에 출발하여 반대 방향으로 이 연못을 돕니다. 형은 분속 85m, 동생은 분속 75m로 갈 때, 두 사람이 만나는 시점은 출발하고 나서 몇 분 후일까요?

(2) 동생이 집을 출발하고 나서 5분 후에 언니가 동생을 쫓아갑니다. 언니는 분속 90m로, 동생은 분속 72m로 갈 때, 언니가 동생을 따라잡는 시점은 언니가 출발하고 나서 몇 분 후일까요?

해답

(1) 형과 동생이 합쳐서 2400m(= 연못 둘레)를 갔을 때, 두 사람은 만납니다.

형은 1분에 85m를, 동생은 1분에 75m를 가므로, **두 사람이 1분간 간 거리를 합치면 '85 + 75 = 160m'입니다**. 1분에 합쳐서 160m씩 가므로 합계 2400m를 갔을 때, 두 사람은 만나므로 출발하고 나서 '2400 ÷ 160 = 15분' 후에 만납니다.

답   **15분 후**

(2) 언니가 출발하기 전까지 동생은 분속 72m로 5분 동안 갔습니다. 따라서 언니가 출발할 시점에 동생은 언니보다 '72 × 5 = 360m' 앞에 있습니다.

언니는 1분에 90m를, 동생은 1분에 72m를 가므로 **두 사람의 차는 1분에 '90 - 72 = 18m'씩 좁혀집니다**. 두 사람의 차는 360m로, 그 차이가 1분간 18m씩 좁혀지므로 언니가 출발하고 나서 '360 ÷ 18 = 20분' 후에 따라잡습니다.

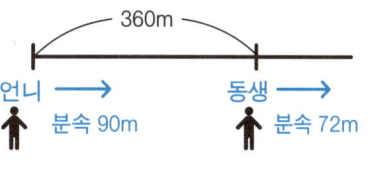

답   **20분 후**

PART 9 ▶ 비율 ⟨6학년⟩

1 비율 ①

핵심 포인트!
'~의' 앞이 **기준량**
'~배'가 **비율**
남는 것이 **'비교하는 양'**

1 비율이란?

예제 2를 기준으로 하고, 6을 비교하면 6은 2의 몇 배입니까?

해답 6 ÷ 2 = 3   답   **3배**

위의 예제는 2를 기준으로 하고 6을 비교하는 문제입니다. 6은 2의 3배라고 구할 수 있었습니다.
이 경우 2, 6, 3배를 각각 다음과 같이 말합니다.

　　2　…　기준량　　　　　　6　　÷　　2　　=　　3 (배)
　　6　…　비교하는 양　　　　↑　　　　↑　　　　　↑
　　3배　…　비율　　　　　비교하는 양　÷　기준량　=　비율

즉 비교하는 양이 기준량의 얼만큼(몇 배)에 해당하는지 나타내는 수를 **비율**이라고 합니다.

꼭 가르쳐야 할 핵심 포인트!

'비율이 뭐예요?'라는 질문을 받았을 때…

아이가 '비율이 뭐예요?'라고 물었을 때, 어떻게 대답하시겠습니까? '비교하는 양이 기준량의 얼만큼 (몇 배)에 해당하는지를 나타낸 수'라고 가르쳐 주어도 아이가 쉽게 이해하기 어려울 것입니다.
그럴 때는 **'비율은 ~배에 해당하는 수란다'**라고 가르쳐 주세요. 예를 들면 '6은 2의 3배입니다'라는 문장에서는 **'3배'가 비율**입니다. 정확하게는 PART 9에서 배운 소수(의 비율), 백분율, 보합 등을 전부 포함하여 '비율'이라고 하지만, 일단 이렇게 가르치면 아이가 쉽게 이해할 수 있습니다.

2 비율, 비교하는 양, 기준량의 구분법

비율, 비교하는 양, 기준량은 다음 세 가지 단계로 구분합시다.

① 기준량을 찾는다.
② 비율을 찾는다.
③ 남은 것이 비교하는 양

예를 들어 설명하겠습니다.

'6은 2의 3배입니다'와 '2의 3배는 6입니다'라는 문장은 거의 같은 의미입니다. 이들 문장에서 비율, 비교하는 양, 기준량을 다음 세 가지로 구분해 주세요.

① '~의'에서 ~에 해당하는 2가 기준량입니다.
② '~배'에서 ~에 해당하는 3(배)이 비율입니다.
③ 그리고 남은 6이 비교하는 양입니다.

아래 두 가지 패턴 모두 ①, ②, ③의 순서로 찾아보세요.

비율,
비교하는 양,
기준량 구분법

비법은 '~의'에서 앞의 ~에 해당하는 숫자가 기준량!

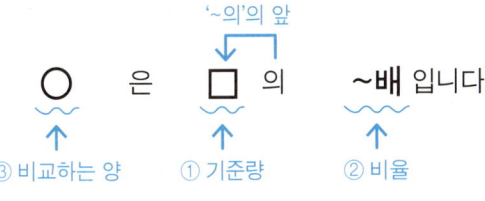

'○는 □의 ~배입니다' 및 '□의 ~배는 ○입니다'라는 문장에서는 다음 ①, ②, ③의 순서로 구분합니다.

① '~의'의 앞인 □이 기준량
② '~배'가 비율
③ 남은 ○가 비교하는 양

※단 '○는 □의 ~배입니다.' 및 '□의 ~배는 ○입니다' 이 외의 문장에서는 맞지 않는 경우도 있으니 주의해야 합니다.

PART 9 ▶ 비율 〈5학년〉

2 비율 ②

핵심 포인트! 비율의 3공식은 '비·기·율' 그림으로 외우자!

1 비율의 3공식 암기법

비율, 비교하는 량, 기준량에 대해서 다음 세 가지 공식이 성립됩니다.

비율의 3 공식
(1) 비율 = 비교하는 양 ÷ 기준량
(2) 비교하는 양 = 기준량 × 비율
(3) 기준량 = 비교하는 양 ÷ 비율

비율의 3공식은 다음과 같이 '비·기·율'의 그림으로 외울 수 있습니다.
'비·기·율'을 암호처럼 외워 두세요.

'비'는 비교하는 양, '기'는 기준량, '율'은 비율을 나타냅니다. 구하고 싶은 것을 손가락으로 가리면 공식이 떠오릅니다.
92쪽에서 설명한 '거·속·시'의 그림과 같은 요령입니다.

(1) 비율을 구하고 싶을 때

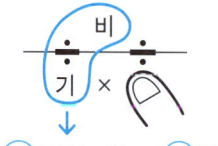

비율 = ㉯교하는 양 ÷ ㉠준량

그림의 '율'을 손가락으로 가립니다. 그러면 '비 ÷ 기'가 남습니다. 즉 '비율 = 비교하는 양 ÷ 기준량'이라는 것을 알 수 있습니다.

(2) 비교하는 양을 구하고 싶을 때

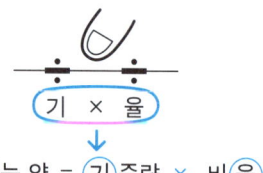

비교하는 양 = ㉠준량 × 비㉯

그림의 '비'를 손가락으로 가립니다. 그러면 '기 × 율'이 남습니다. 즉 '비교하는 양 = 기준량 × 비율'이라는 것을 알 수 있습니다.

(3) 기준량을 구하고 싶을 때

그림의 '기'를 손가락으로 가립니다. 그러면 '비 ÷ 율'이 남습니다. 즉 '기준량 = 비교하는 양 ÷ 비율'이라는 것을 알 수 있습니다.

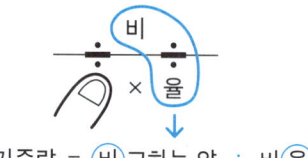

기준량 = ㉯교하는 양 ÷ 비㉯

2 비율에 관한 문제

 꼭 가르쳐야 할 핵심 포인트!

비율 문제는 2단계로 풀자!

다음 연습문제 는 2단계로 구하면 쉽게 풀 수 있습니다.
① 비율, 비교하는 양, 기준량을 구분한다.
② 비율의 3공식 중 하나를 사용하여 구한다.

연습문제

다음 괄호 안에 맞는 수를 답하세요.

(1) 20명은 80명의 (　)배입니다.

(2) 7cm의 3.9배는 (　)cm입니다.

(3) 92kg은 (　)kg의 0.4배입니다.

해답

(1) ~ (3) 모두 꼭 가르쳐야 할 핵심 포인트! 를 보면서 2단계로 구하세요.

(1) ① 먼저 비율, 비교하는 양, 기준량을 구분합니다.
② '비율 = 비교하는 양 ÷ 기준량'
이므로
20 ÷ 80 = 0.25
답　**0.25**

(2) ① 먼저 비율, 비교하는 양, 기준량을 구분합니다.
② '비교하는 양 = 기준량 × 비율'
이므로
7 × 3.9 = 27.3
답　**27.3**

(3) ① 먼저 비율, 비교하는 양, 기준량을 구분합니다.
② '기준량 = 비교하는 양 ÷ 비율'
이므로
92 ÷ 0.4 = 230
답　**230**

PART 9 ▶ 비율 〈5학년〉

3 백분율이란?

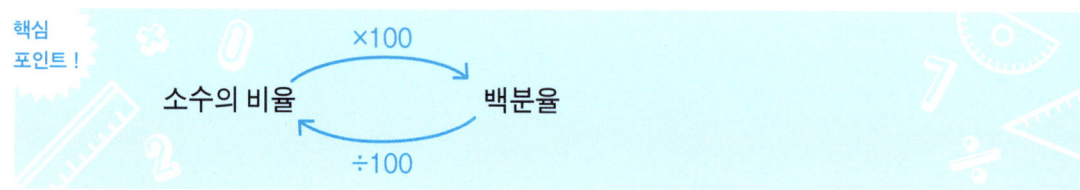

핵심 포인트!

1 백분율이란?

백분율은 비율을 나타내는 방법 중 하나입니다.

소수의 비율인 0.01을 **1%(1퍼센트)**라고 합니다.

백분율은 퍼센트로 나타낸 비율입니다.

앞의 비율(96~99쪽)에서 배운 0.25배 또는 1.5배 등과 같이 '~배'의 비율을 '**소수의 비율**'이라고 합니다.

소수의 비율을 100배 하면 백분율이 됩니다.

그리고 **백분율을 100으로 나누면 소수의 비율**이 됩니다.

예제 다음 문제에 답하세요.

(1) 소수의 비율 0.81을 백분율로 고치세요. (2) 59%를 소수의 비율로 고치세요.

해답

(1) **소수의 비율을 100배 하면, 백분율**이 됩니다. $0.81 \times 100 = 81$ 답 __81%__

(2) **백분율을 100으로 나누면, 소수의 비율**이 됩니다. $59 \div 100 = 0.59$ 답 __0.59__

🖐 연습문제 1

(1), (2)의 수를 백분율로 고치세요.   (3), (4)의 백분율을 소수의 비율로 고치세요.

(1) 0.15   (2) 3   (3) 72%   (4) 150%

해답 (1) $0.15 \times 100 = 15$ (2) $3 \times 100 = 300$ (3) $72 \div 100 = 0.72$ (4) $150 \div 100 = 1.5$

답 __15%__   답 __300%__   답 __0.72__   답 __1.5__

2 백분율에 관한 문제

꼭 가르쳐야 할 핵심 포인트!

백분율 문제를 풀 때 주의할 점

비율의 3공식(98쪽 참고)은 소수의 비율에만 사용할 수 있는 공식입니다. 그렇기 때문에 다음 연습문제2 와 같이 백분율 문제에서 비율의 3공식을 사용할 때는 백분율을 소수의 비율로 고치고 나서 계산하세요. 백분율(~%)인 채로 비율의 3공식을 사용하면 잘못된 답이 나오므로 주의해야 합니다.

🖊 연습문제 2

다음 괄호 안에 맞는 수를 답하세요.

(1) (　)명의 8%는 16명입니다.　(2) (　)L(리터)는 320L의 85%입니다.　(3) 1900원의 (　)%는 1273원입니다.

해답

(1) 먼저 백분율인 8%를 100으로 나누어서 소수의 비율로 고칩니다.
8 ÷ 100 = 0.08(배)
다음으로 비율, 비교하는 양, 기준량을 구분합니다.

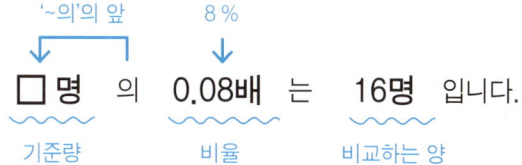

'기준량 = 비교하는 양 ÷ 비율'이므로,
16 ÷ 0.08 = 200

답　200

(2) 먼저 백분율인 85%를 100으로 나누어서 소수의 비율로 고칩니다.
85 ÷ 100 = 0.85(배)
다음으로 비율, 비교하는 양, 기준량을 구분합니다.

'비교하는 양 = 기준량 × 비율'이므로,
320 × 0.85 = 272

답　272

(3) 먼저 비율, 비교하는 양, 기준량을 구분합니다.

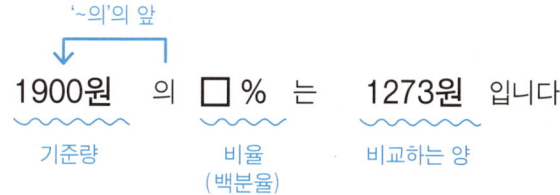

'비율 = 비교하는 양 ÷ 기준량'
이므로,
1273 ÷ 1900 = 0.67(배)
0.67은 소수의 비율이므로, 100배로 하여 백분율로 고칩니다.
0.67 × 100 = 67(%)

답　67

PART 9 ▶ 비율 ⟨6학년⟩

4 할푼리

핵심 포인트! 비율을 ~할~푼~리로도 표시한다.

1 할푼리는?

할푼리는 비율을 나타내는 방법 중 하나입니다.
할푼리는 비율을 오른쪽과 같이 나타낸 것입니다.

소수의 비율	할푼리
0.1 (배) ⇒	1할
0.01 (배) ⇒	1푼
0.001 (배) ⇒	1리

예제 (1)~(6)의 소수 비율을 할푼리로 고치세요.
또한 (7)~(9)의 할, 푼, 리를 소수의 비율로 고치세요.

(1) 0.682   (2) 0.7   (3) 0.05   (4) 0.002   (5) 0.59
(6) 0.908   (7) 5할1푼7리   (8) 8푼8리   (9) 2할3리

해답

(1) 0.682는 0.1이 6개, 0.01이 8개, 0.001이 2개이므로, 6할8푼2리입니다. 답 6할8푼2리

(2) 0.7은 0.1이 7개이므로, 7할입니다. 답 7할

(3) 0.05는 0.01이 5개이므로, 5푼입니다. 답 5푼

(4) 0.002는 0.001이 2개이므로, 2리입니다. 답 2리

(5) 0.59는 0.1이 5개, 0.01이 9개이므로, 5할9푼입니다. 답 5할9푼

(6) 0.908은 0.1이 9개, 0.001이 8개이므로, 9할8리입니다. 답 9할8리

(7) 5할1푼7리는 0.1이 5개, 0.01이 1개, 0.001이 7개이므로, 0.517입니다. 답 0.517

(8) 8푼8리는 0.01이 8개, 0.001이 8개이므로, 0.088입니다. 답 0.088

(9) 2할3리는 0.1이 2개, 0.001이 3개이므로, 0.203입니다. 답 0.203

꼭 가르쳐야 할 핵심 포인트!

소수의 비율, 백분율, 할푼리의 차이는?

지금까지 배운 소수의 비율, 백분율, 할푼리는 모두 비율입니다. 그러면 그 차이는 무엇일까요? 기준량(전체)을 1로 하는 것이 소수의 비율, 기준량(전체)을 100(%)으로 하는 것이 백분율, 기준량(전체)을 10(할)으로 하는 것이 할푼리라는 차이가 있습니다. 이것은 중요한 포인트이므로 함께 가르쳐 주세요.

기준량(전체)을…

비율 ┤ 소수의 비율　1로 한다.
　　　│ 백분율　　　100(%)로 한다.
　　　└ 할푼리　　　10(할)로 한다.

2 할푼리에 관한 문제

할푼리 문제에서 비율의 3공식(98쪽 참고)을 사용할 때는 **할푼리를 소수의 비율로 고치고나서** 계산해야 합니다.

연습문제

다음 괄호 안에 맞는 수를 답하세요.

(1) (　)km는 48km의 3할7푼5리입니다.
(2) 5200원의 (　)할(　)푼(　)리는 4082원입니다.
(3) (　)g의 2푼9리는 8.7g입니다.

해답

(1) 먼저 보합인 3할7푼5리를 소수의 비율로 고치면 0.375(배)가 됩니다.
다음으로 비율, 비교하는 양, 기준량을 구분합니다.

비교하는 양 = 기준량 × 비율이므로,
48 × 0.375 = 18　　　　　답　　18

(2) 비율, 비교하는 양, 기준량을 구분합니다.

비율 = 비교하는 양 ÷ 기준량이므로,
4082 ÷ 5200 = 0.785(배)
0.785는 소수의 비율이므로 할푼리로 고치면 7할8푼5리입니다.
　　　　　　　　답　　7(할)8(푼)5(리)

(3) 먼저 할푼리인 2푼9리를 소수의 비율로 고치면 0.029(배)가 됩니다.
다음으로 비율, 비교하는 양, 기준량을 구분합니다.

기준량 = 비교하는 양 ÷ 비율이므로,
8.7 ÷ 0.029 = 300　　　　답　　300

PART 9 ▶ 비율

5. 비율 그래프

> **핵심 포인트!**
> 비율을 눈으로 보고 알 수 있도록 하는 방법 ⇒ 띠 그래프와 원 그래프

[예] 어느 초등학교 5학년 전원의 주소를 조사한 결과, 오른쪽 표와 같은 결과가 나왔습니다.

마을명	A 마을	B 마을	C 마을	D 마을	기타	합계
비율	32%	25%	17%	14%	12%	100%

이 결과를 눈으로 보고 알 수 있도록 띠 그래프와 원 그래프로 나타내면 다음과 같이 됩니다.

띠 그래프
(전체를 직사각형으로 그린 후, 각 부분의 비율을 세로 선으로 구분한 그래프)

원 그래프
(전체를 원으로 그린 후, 각 부분 비율을 반지름으로 구분한 그래프)

✋ 연습문제 1

A 씨는 자기 밭에 4종의 농작물을 재배했고, 수확량의 합계는 240kg이었습니다. 오른쪽 띠 그래프는 각 농작물 수확량의 비율입니다.

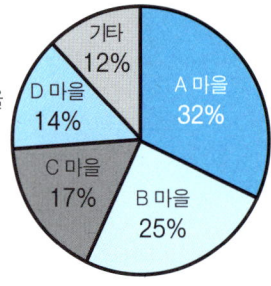

(1) 감자 수확량은 몇 kg입니까?
(2) 양배추 수확량은 토마토 수확량의 몇 배입니까?

해답

(1) 감자 수확량의 비율(백분율) 30%를 소수의 비율로 고치면 0.3(배)가 됩니다.
비율, 비교하는 양, 기준량을 구분하면 오른쪽과 같이 됩니다.
'비교하는 양 = 기준량 × 비율'이므로, 240 × 0.3 = 72

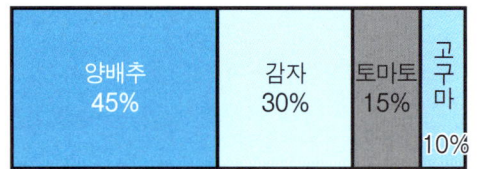

답 72kg

(2) 수확량의 비율은 양배추가 45%로 토마토가 15%입니다.
그러므로 양배추의 수확량은 토마토 수확량의 (45 ÷ 15 = 3배)입니다.

답 3배

꼭 가르쳐야 할 핵심 포인트!

비율끼리 비교할 수 있다

연습문제1 (2)에서는 양배추와 토마토 수확량의 비율을 비교하여 '45(%) ÷ 15(5) = 3배'라고 구했습니다. 이와 같이 비율끼리 비교하여 몇 배(또는 몇 분의 1)가 되는지 구할 수 있다는 것도 함께 가르쳐 주세요.

연습문제 2

아래 원 그래프는 어느 초등학교 6학년생 전원을 대상으로 가장 좋아하는 스포츠를 조사하여 각각의 스포츠 비율을 나타낸 것입니다.

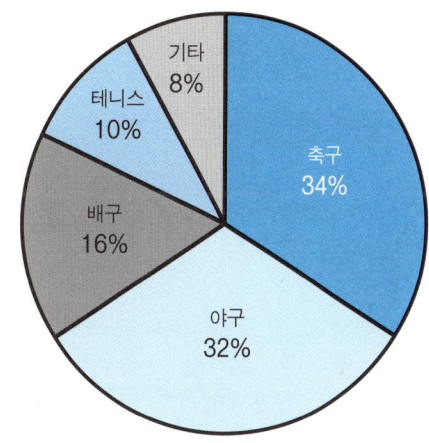

(1) 축구를 좋아하는 학생은 85명이었습니다. 6학년 전체 인원은 몇 명인가요?

(2) 야구를 좋아하는 학생은 몇 명인가요?

해답

(1) 축구를 좋아하는 사람의 비율(백분율)은 34%이고, 이것을 소수의 비율로 고치면 0.34(배)가 됩니다.
비율, 비교하는 양, 기준량을 구분하면 오른쪽과 같이 됩니다.

기준량 = 비교하는 양 ÷ 비율 이므로,
85 ÷ 0.34 = 250

답 250명

(2) 야구를 좋아하는 학생의 비율(백분율)은 32%이고, 이를 소수의 비율로 고치면 0.32(배)가 됩니다.
비율, 비교하는 양, 기준량을 구분하면 오른쪽과 같이 됩니다.

비교하는 양 = 기준량 × 비율 이므로,
250 × 0.32 = 80

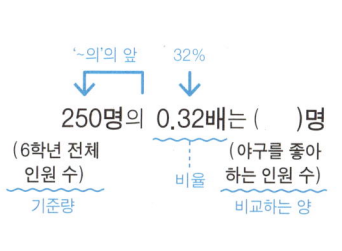

답 80명

PART 10 ▶ 비례 〈6학년〉

1 비례란?

> **핵심 포인트!**
> A : B 일 때, A ÷ B로 **비례값**을 구하자!

1 비례란?

예를 들면 3과 4의 비율을 3 : 4 (읽는 법은 '3 대 4')로 나타낼 수 있습니다.
이와 같이 나타낸 비율을 '비례'라고 합니다.

2 비례값이란?

A : B 일 때, 'A÷B의 답'을 비례값이라고 합니다.
예를 들어 1 : 3 일 때, 비례값은 $1 ÷ 3 = \frac{1}{3}$ 입니다.

꼭 가르쳐야 할 핵심 포인트!

어느 쪽을 어느 쪽으로 나누면 될까?

예를 들어 '1:3의 비례값을 구하시오'라는 문제를 풀 때, '$1 ÷ 3 = \frac{1}{3}$'이라고 구해야 하는데, 잘못하여 '3 ÷ 1 = 3'이라고 구하는 아이가 있습니다. 어느 쪽을 어느 쪽으로 나누는 것을 모르면 이와 같은 실수를 하게 됩니다. 비례 기호인 ' : '에 1개의 가로선을 그으면 '÷'가 됩니다. 비례값을 구하기 위해서는 오른쪽과 같이 '비례에 1개의 가로선을 그어서 계산하

면 된다'고 가르치면 그와 같은 실수는 하지 않게 됩니다.

1 : 3 의 비례값은?
↓ 가로선을 긋고 계산하면 된다!
$1 ÷ 3 = \frac{1}{3}$
비례값

재미 있는 수학 이야기 — 비율과 비례는 형제 같은 관계

비율과 비례는 형제와 같습니다. 어느 쪽이든 '두 가지 양을 비교하는' 점에서 같습니다.
먼저 '6은 2의 몇 배?'라는 문제를 비율의 사고방식으로 풀 경우, 비례하는 양 6을 기준량 2로 나누면 비율 3(배)을 구할 수 있습니다. 다음으로 '6은 2의 몇 배?'라는 문제를 비례의 방식으로 풀 경우, 6과 2의 비례는 '6 : 2'라고 표시됩니다. 그리고 '6 : 2'의 비례값을 구하면, '6 ÷ 2 = 3(배)'이라고 구할 수 있습니다. 이와 같이 비율과 비례는 비교할 때의 표현 방법만 다를 뿐, 많이 닮아 있습니다.

예제 다음 비례값을 구하세요.

(1) 2 : 7   (2) 5.1 : 1.7   (3) $\dfrac{5}{9} : \dfrac{1}{6}$

해답

(1) $2 \div 7 = \dfrac{2}{7}$

(2) $5.1 \div 1.7 = 3$

(3) $\dfrac{5}{9} \div \dfrac{1}{6} = \dfrac{5}{9} \times \dfrac{6}{1} = \dfrac{10}{3} = 3\dfrac{1}{3}$

연습문제

다음 비례값을 구하세요.

(1) 70 : 63   (2) 10 : 2.5   (3) $\dfrac{3}{4} : \dfrac{9}{11}$

해답

(1) $70 \div 63 = \dfrac{70}{63} = \dfrac{10}{9} = 1\dfrac{1}{9}$

(2) $10 \div 2.5 = 4$

(3) $\dfrac{3}{4} \div \dfrac{9}{11} = \dfrac{3}{4} \times \dfrac{11}{9} = \dfrac{11}{12}$

3 등비(동일한 비례)

예를 들면, 3 : 4의 등비값은 $3 \div 4 = \dfrac{3}{4}$ 입니다.

또한 6 : 8의 등비값은 $6 \div 8 = \dfrac{6}{8} = \dfrac{3}{4}$ 입니다.

즉 3 : 4와 6 : 8의 비례값은 둘 다 $\dfrac{3}{4}$ 입니다.

이와 같이 비례값이 같을 때, 이들의 비례는 동일하다고 말합니다.

이런 경우에는 ' = '(이퀄)을 사용하고, '3 : 4 = 6 : 8'과 같이 표시합니다.

PART 10 ▶ 비례 〈6학년〉

2. 비례를 간단하게

> **핵심 포인트!**
> A:B일 때, A와 B에 **같은 수를 곱해도 나누어도 비례는 동일하다.**

동일한 비례에는 다음 두 가지 성질이 있습니다.

① A : B 일 때, A와 B에 같은 수를 곱해도 비례는 동일하다.

예) $3 : 2 = 15 : 10$ (×5)

3과 2에 각각 5를 곱하더라도 비례는 동일하다.

② A : B 일 때, A와 B를 같은 수로 나누어도 비례는 동일하다.

예) $8 : 12 = 2 : 3$ (÷4)

8과 12를 각각 4로 나누어도 비례는 동일하다.

동일한 비례 성질(위의 ①과 ②)을 사용하여 가능한 한 작은 정수의 비례로 고치는 것을 '비례를 간단하게 하기'라고 합니다.
정수끼리 비례에서는 비례 양쪽 수의 최대공약수로 나누면 비례를 간단하게 할 수 있습니다.
예를 들어 24 : 16의 비례를 간단하게 할 경우를 생각해 보세요.
24와 16의 최대공약수는 8이므로 24와 16을 각각 8로 나누면 오른쪽과 같이 비례를 간단하게 할 수 있습니다.

$24 : 16 = 3 : 2$ (÷8)

✋ 연습문제 1

다음 비례를 간단하게 하시오.

(1) 36:20　　(2) 45:60　　(3) 57:38

해답

(1) 36과 20의 최대공약수 4로 나누면　　$36 : 20 = 9 : 5$ (÷4)　　답　9 : 5

(2) 45와 60의 최대공약수 15로 나누면　　$45 : 60 = 3 : 4$ (÷15)　　답　3 : 4

(3) 57과 38의 최대공약수 19로 나누면　　$57 : 38 = 3 : 2$ (÷19)　　답　3 : 2

꼭 가르쳐야 할 핵심 포인트!

소수 및 분수의 비례를 간단하게 하는 방법

연습문제1 과 같이 정수끼리의 비례에서는 비례하는 양쪽 수의 최대공약수로 나누면 비례를 간단하게 할 수 있었습니다.

다음으로 연습문제2 와 같이 소수 및 분수의 비례를 간단하게 하기 위해서 각각 오른쪽 방법과 같이 해보세요.

▶ **소수의 비례를 간단하게**
먼저 비례하는 양쪽 수를 10배, 100배…로 하고 정수의 비례를 고치고 나서 간단하게 한다.

▶ **분수의 비례를 간단하게**
먼저 비례하는 양쪽 수에 분모의 최소공약수를 곱하고 정수의 비례를 고치고 나서 간단하게 한다.

연습문제 2

다음 비례를 간단하게 하세요.

(1) 2.4 : 4.5   (2) $\frac{7}{10}$: $\frac{14}{15}$

해답

(1) 2.4와 4.5를 각각 **10배**로 하고, 정수의 비례로 고치고 나서 간단하게 합니다.

  2.4 : 4.5   ← 각각 10배로 한다.
= 2.4×10 : 4.5×10
= 24 : 45   ← 정수의 배수로 고친다.
= 24÷3 : 45÷3   ← 최대공약수 3으로 나눈다.
= 8 : 15

답 8 : 15

(2) $\frac{7}{10}$과 $\frac{14}{15}$ 양쪽 수에 **분모(10과 15)의 최소공약수 30**을 곱하여 정수의 비례로 고치고 나서 간단하게 합니다.

  $\frac{7}{10}$: $\frac{14}{15}$ ← 분모 10과 15의 최소공배수 30을 곱한다.
= $\frac{7}{10}$ ×30 : $\frac{14}{15}$ ×30
= 21 : 28   ← 정수의 비례로 고친다.
= 21÷7 : 28÷7   ← 최대공약수 7로 나눈다.
= 3 : 4

답 3 : 4

재미 있는 수학 이야기 가장 아름다운 비례, 황금비율

고대 그리스에서 가장 아름다운 비례로 일컬어졌던 것이 '황금비율'입니다. 황금비율은 '1 : 1.618…'로서 대체로 '5 : 8'에 가까운 비율입니다.

황금비율은 미로의 비너스, 파리의 개선문, 그리스의 파르테논 신전 등에서 사용되고 있습니다. 또한 명함이나 신용 카드의 가로, 세로 비율처럼 우리 주변에도 황금비율이 있습니다.

황금비율은 자연계에도 존재한다는 설이 있습니다. 영화로도 제작된 '다빈치 코드'의 원작에는 '벌의 암컷과 수컷의 개체 수 비례는 황금비율이 된다'는 설이 나옵니다.

PART 10 ▶ 비례 ⟨ 6학년. 확장 ⟩

3 비례식이란?

> **핵심 포인트!** A : B = C : D일 때 B × C = A × D가 되는 것을 기억하자!

A : B = C : D와 같이 비의 값이 같은 두 비를 등식으로 나타낸 식을 **비례식**이라고 합니다.
비례식 내측의 B와 C를 **내항**이라고 하며, 외측의 A와 D를 **외항**이라고 합니다.

비례식에는 **내항의 곱과 외항의 곱은 같다**는 성질이 있습니다. 여기서 **곱**은 **곱셈의 답**을 말합니다.

예를 들어 '5 : 4 = 10 : 8'이라는 비례식에서 확인하면, 오른쪽에서 보는 것처럼 내항의 곱과 외항의 곱이 같아지는 것을 알 수 있습니다.

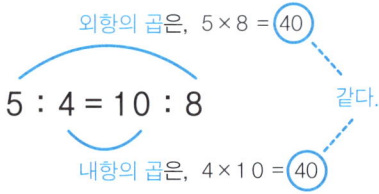

즉 오른쪽 공식이 성립됩니다. A : B = C : D일 때 B × C = A × D
내항의 곱 = 외항의 곱

재미 있는 수학 이야기 — 일본인이 좋아하는 백은비율

109쪽에서 소개한 황금비율이 있는 것처럼 '백은(白銀)비율'이라는 비례도 있습니다. 백은비율 역시 아름다운 비례로 일컬어집니다. 백은비율은 '1 : 1.414…'이며, 대체로 5 : 7에 가까운 비례입니다.
한 변이 1cm인 정사각형의 대각선은 약 1.414cm가 됩니다. 그런데 통나무에서 목재를 베어낼 때 정사각형이 적합합니다. 그러므로 목조 건축이 많은 일본에서는 백은비율이 고대부터 선호되고 있습니다. 예를 들면 호류지(법륭사)의 오중탑에는 백은비율이 사용되고 있습니다. 우리 주변에서는 A4, B5 용지 가로 길이의 비례가 백은비율입니다.

연습문제

다음 괄호 안에 맞는 수를 답하세요.

(1) 2 : 5 = (   ) : 7   (2) (   ) : 2.4 = 4.8 : 32   (3) $\frac{4}{5}$: (   ) = $\frac{7}{12}$: $\frac{5}{6}$

해답

(1)
외항을 곱하면 2 × 7 = 14
내항을 곱한 답도 14이므로, 5 × (   ) = 14

외항의 곱은 2 × 7 = 14
2 : 5 = (   ) : 7
내항의 곱은 5 × (   )도 14가 된다.

그러므로 (   ) = 14 ÷ 5 = 2.8

(2)
내항을 곱하면 2.4 × 4.8 = 11.52
외항을 곱한 답도 11.52이므로,
(   ) × 32 = 11.52

외항의 곱 (   ) × 32도 11.52이므로
□ : 2.4 = 4.8 : 32
내항의 곱은 2.4 × 4.8 = 11.52

그러므로 (   ) = 11.52 ÷ 32 = 0.36

(3)
외항을 곱하면 $\frac{4}{5} \times \frac{5}{6} = \frac{2}{3}$

내항을 곱한 답도 $\frac{2}{3}$가 되므로 (   ) × $\frac{7}{12} = \frac{2}{3}$

외항의 곱은 $\frac{4}{5} \times \frac{5}{6} = \frac{2}{3}$
$\frac{4}{5}$: (   ) = $\frac{7}{12}$: $\frac{5}{6}$
내항의 곱 (   ) × $\frac{7}{12}$도 $\frac{2}{3}$가 된다.

그러므로 (   ) = $\frac{2}{3} \div \frac{7}{12} = \frac{2}{3} \times \frac{12}{7} = \frac{8}{7} = 1\frac{1}{7}$

꼭 가르쳐야 할 핵심 포인트!

비례식의 성질을 알아두는 것이 중요!

비례식의 '내항의 곱과 외항의 곱은 동일하다'라는 성질은 공립 초등학교용 교과서에는 수록되어 있지 않습니다(중학교 1학년 교과서에 수록). 그러나 이 성질을 알아 두면 각종 시험 문제를 풀기 쉬우므로 여기에 수록했습니다.

예를 들면 연습문제 (1) 의 '2 : 5 = (   ) : 7'과 같은 문제는 공립 초등학교의 시험 문제 등에도 출제됩니다.

이것을 공립 초등학교에서는 '동일한 비례의 성질'을 사용하여 오른쪽과 같이 가르칩니다.

▶ **'동일한 비례의 성질'을 사용한 풀이법**

7 ÷ 5 = 1.4이므로 5를 1.4배 하면 7이 된다.
마찬가지로 2를 1.4배 하면 (   )가 된다.
그러므로, (   )는 2 × 1.4 = 2.8

7 ÷ 5 = 1.4 배
2 : 5 = (   ) : 7
1.4 배

두 풀이법을 모두 사용할 수 있게 되면 더 힘을 발휘할 수 있겠지요.

PART 10 ▶ 비례 ⟨6학년⟩

4 비례식 문제

핵심 포인트!
문장 문제에 익숙해질 때까지 **선분도**를 사용하여 풀어 보자!

예제 1 형과 동생이 가지고 있는 돈의 비례는 6 : 5입니다. 형이 540원 가지고 있을 때, 동생은 몇 원 가지고 있을까요?

해답

선분도로 나타내면 오른쪽과 같이 됩니다.

형에게 주목하면 선분도의 6눈금이 540원에 해당합니다.
6눈금이 540원이므로, 1눈금은 '540 ÷ 6 = 90'원입니다.
동생이 가지고 있는 돈은 5눈금이므로 '90 × 5 = 450'원입니다.

답 450원

🕊 꼭 가르쳐야 할 핵심 포인트!

비례식을 사용하여 푸는 방법도 있다

예제 1 에서 동생이 가지고 있는 돈을 ( )원이라고 하면 오른쪽 비례식이 성립합니다.

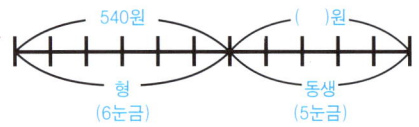

이 비례식을 푸는 데는 다음 두 가지 방법이 있습니다.

▶ 동일한 비례의 성질을 사용한다.　　　▶ 내항의 곱과 외항의 곱이 동일한 것을 사용한다.

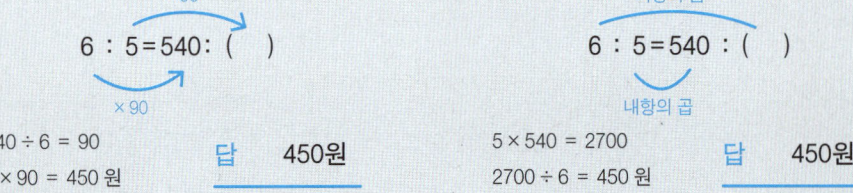

비례를 완벽하게 이해하기 위해서 비례식을 사용하는 방법과 선분도를 사용하는 방법을 모두 사용해서 풀 수 있도록 가르쳐 주세요.

연습문제 1

세로와 가로의 길이 비례가 3:4인 직사각형이 있습니다. 이 직사각형의 세로 길이가 15cm일 때, 이 직사각형의 면적은 몇 cm²입니까?

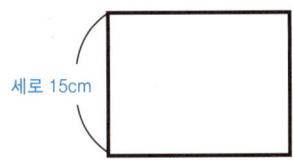
세로 15cm

해답

선분도에 나타내면 다음과 같습니다.
세로 길이에 주목하면 선분도의 3눈금이 15cm에 해당합니다.
3눈금이 15cm이므로 1눈금은 '15 ÷ 3 = 5cm'입니다.
가로 길이는 4눈금이므로, '5 × 4 = 20cm'입니다.

따라서 이 직사각형의 면적은 '15 × 20 = 300cm²'입니다.

답 300cm²

가로 길이를 구한 후 면적을 계산한다.

예제 2

연필과 볼펜을 합쳐서 60개 있습니다. 연필과 볼펜 개수의 비례가 5 : 7일 때, 볼펜은 몇 개 있을까요?

해답

선분도로 나타내면 오른쪽과 같이 됩니다.

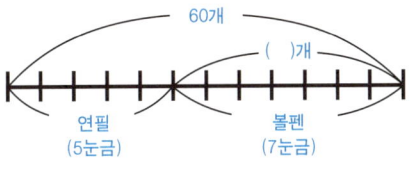

연필 5눈금과 볼펜 7눈금을 더한 '5 + 7 = 12'눈금이 60개에 해당합니다.

12눈금이 60개에 해당하므로, 1눈금은 '60 ÷ 12 = 5'개입니다.

볼펜은 7눈금이므로, '5 × 7 = 35'개입니다.

답 35개

연습문제 2

오른쪽 삼각형에서 각 크기의 비례는 ㄱ:ㄴ:ㄷ =3:5:4입니다. 이때, 각 ㄴ의 크기는 몇 도일까요?

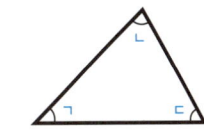

해답

삼각형의 내각의 합은 180도이므로 ㄱ, ㄴ, ㄷ의 각 크기의 합은 180도가 됩니다. 이것을 바탕으로 선분도를 나타내면 오른쪽과 같이 됩니다.

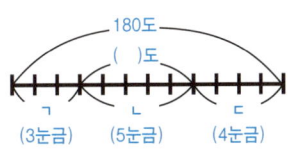

각 ㄱ, 각 ㄴ, 각 ㄷ의 눈금을 더한 '3 + 5 + 4 = 12'눈금이 180도에 해당합니다.
12눈금이 180도에 해당하므로, 1눈금은 '180 ÷ 12 = 15'도입니다.
각 ㄴ은 5눈금이므로 '15 × 5 = 75'도입니다.

답 75도

PART 11 ▶ 정비례와 반비례 ⟨6학년⟩

1 정비례란?

> **핵심 포인트!**
> 비례식은 $y = 정해진\ 수 \times x$ 로 표시됩니다.

예를 들어 세로가 3cm이고, 가로가 $x$cm인 직사각형의 면적을 $y$cm²라고 할 때,
x와 y의 관계를 표로 나타내면 다음과 같이 됩니다.

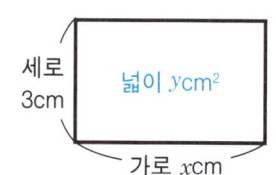

가로 x (cm)	1	2	3	4	5	6
넓이 y (cm²)	3	6	9	12	15	18

이때, 위의 표와 같이 x가 2배, 3배…가 되면,
그에 따라서 y도 2배, 3배…가 됩니다.

이와 같이 두 가지 양 x와 y가 있고 x가 2배, 3배,…… 가 되면,
그에 따라서 y도 2배, 3배…가 될 때 'y는 x에 정비례한다'라고 합니다.

또한 세로가 3cm, 가로가 x cm인 직사각형의 넓이를 y㎠라고
할 때, 세로와 가로의 길이를 곱하면 넓이를 구할 수 있으므로
오른쪽과 같은 식이 성립합니다.

$$y = 3 \times x$$
넓이 = 세로 × 가로

y가 x에 비례할 때, 이와 같이 'y = 정해진 수 × x'라는 식이 성립합니다.
위의 식에서 정해진 비례값은 3입니다.

비례의 식 $y = 비례값 \times x$

꼭 가르쳐야 할 핵심 포인트!

비례에서 비례값을 구하는 방법

다음 연습문제 (2)와 같이 'x와 y의 관계를 식으로 표시하시오'라는 문제를 풀 때 'y = 비례값 × x'라는 식을 보면 알 수 있듯이 x의 몇 배가 y가 되는지를 구하면 됩니다.
비례값을 구하려면 y의 값을 거기에 대응하는 x의 값으로 나누면 됩니다.
예를 들어, 오른쪽 직사각형 넓이 표에서 $y \div x$는 어떤 것이든 비례값 3이 됩니다.

가로 x (cm)	1	2	3	4	5	6
넓이 y (cm²)	3	6	9	12	15	18
$y \div x$의 답	3	3	3	3	3	3

$y \div x$는 어느 것도 비례값인 3이 된다.

연습문제

오른쪽 표는 어느 철사 길이 x m와 무게 y g의 관계를 나타낸 것입니다.

길이 x (m)	1	2	3	4	5	6
무게 y (g)	12	24	36	48	60	72

(1) y는 x에 비례합니까?
(2) x와 y의 관계를 식으로 표시하세요.
(3) x의 값이 9.5일 때, y의 값을 구하세요.
(4) y의 값이 138일 때, x의 값을 구하세요.

해답

(1) 표에서는 오른쪽과 같이 x가 2배, 3배…가 되면 그것에 따라 y도 2배, 3배…가 됩니다.

그러므로 y는 x에 비례합니다.

길이 x (cm)	1	2	3	4	5	6
무게 y (g)	12	24	36	48	60	72

답   정비례한다.

(2) 비례식은 'y = 비례값 × x'이므로 정해진 수를 구하세요.
y 값을 그에 대응하는 x 값으로 나누면 비례값이 구해집니다.
예를 들면 x가 2일 때, y는 24이므로 비례값은 '24 ÷ 2 = 12'입니다.
그러므로 식은 '$y = 12 \times x$'입니다.

답 $y = 12 \times x$

(3) (2)에서 구한 '$y = 12 \times x$'의 x에 9.5를 넣어서 계산하세요.
$y = 12 \times 9.5 = 114$

답 $y = 114$

(4) (2)에서 구한 '$y = 12 \times x$'의 y에 138을 넣으면
'$138 = 12 \times x$'가 됩니다.
$x = 138 \div 12 = 11.5$

답 $x = 11.5$

PART 11 ▶ 정비례와 반비례 〈6학년〉

2 비례 그래프

핵심 포인트! 정비례 그래프는 0의 점을 지나는 직선이 된다!

y는 x에 정비례하고 '$y = 2 \times x$'의 관계가 성립된다고 할 때, '$y = 2 \times x$'의 그래프는 어떻게 되는지 알아보겠습니다.

비례 그래프는 다음과 같이 3단계 과정으로 그릴 수 있습니다.

[과정 1] x와 y의 관계를 표로 그린다.
'$y = 2 \times x$'에 대해서 x와 y의 관계를 표에 그리면 오른쪽과 같이 됩니다.

x	0	1	2	3	4	5
y	0	2	4	6	8	10

[과정 2] 표를 바탕으로 모눈 위에 점을 찍는다.
오른쪽 표를 보면서 모눈 위에 점을 찍으면 아래와 같이 됩니다.

가로 축은 x로 표시하고, 세로 축은 y로 표시합니다.

[과정 3] 점을 직선으로 연결한다.
[과정 2]에서 찍은 점을 직선으로 연결하면 아래와 같이 '$y = 2 \times x$'의 그래프를 그릴 수 있습니다.

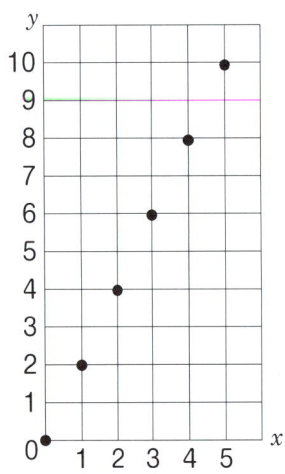

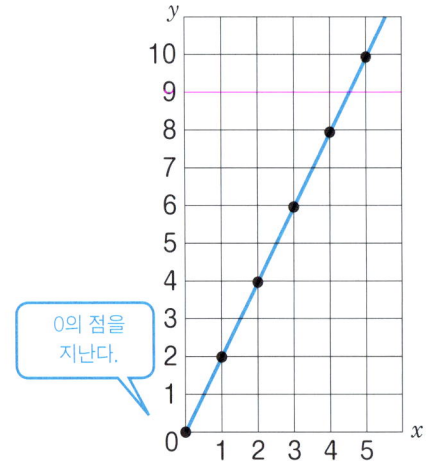

0의 점을 지난다.

이와 같이 비례 그래프는 0의 점을 지나는 직선이 됩니다.

꼭 가르쳐야 할 핵심 포인트!

이것은 정비례 그래프일까?

오른쪽 ①과 ②의 그래프는 비례 그래프라고 생각하세요? ①과 ②의 그래프는 직선입니다만 어느 쪽도 0의 점을 지나지 않습니다. 그러므로 둘 다 비례 그래프는 아닙니다. 0의 점을 지나는 직선이 정비례 그래프라는 것을 기억해 두세요.

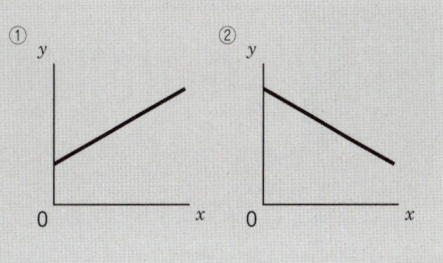

연습문제

직사각형의 빈 물통에 1분당 5cm씩 깊어지도록 물을 넣습니다. 물을 넣는 시간을 x분, 물의 깊이를 y cm라고 할 때 다음 질문에 답하세요.

(1) x와 y의 관계를 식으로 쓰세요.

(2) x와 y의 관계를 아래와 같은 표로 그려 보세요.

시간 x (분)	0	1	2	3	4	5
깊이 y (cm)						

(3) (2)의 표를 기준으로 x와 y의 관계를 아래 그래프로 그려 보세요.

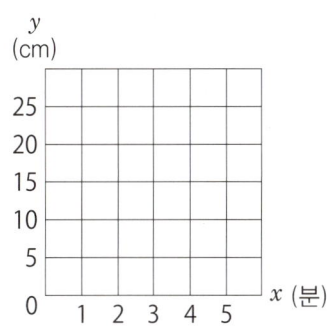

해답

(1) 1분당 5cm씩 깊어지므로 5(cm)와 물을 넣는 시간(x분)을 곱하면 물의 깊이 y(cm)가 구해집니다. 그러므로 '$y = 5 \times x$'라는 답을 구할 수 있습니다.

답 $y = 5 \times x$

(2) '$y = 5 \times x$'에 대해서 x와 y의 관계를 표로 그리면 다음과 같이 됩니다.

시간 x (분)	0	1	2	3	4	5
깊이 y (cm)	0	5	10	15	20	25

(3) (2)의 표를 바탕으로 그래프에 점을 찍고 점을 직선으로 연결하면 다음과 같이 됩니다.

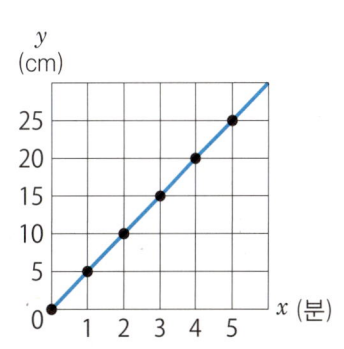

PART 11 ▶ 정비례와 반비례 ⟨6학년⟩

3. 반비례란?

> **핵심 포인트!**
> 반비례식은 $y = 비례값 \div x$ 로 표시됩니다.

예를 들면 세로가 x cm이고, 가로가 y cm인 직사각형의 넓이를 6cm²라고 했을 때, x와 y의 관계를 표시하면 다음과 같습니다.

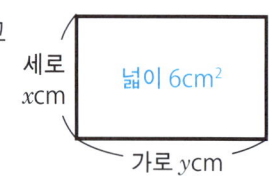

세로 x (cm)	1	2	3	6
가로 y (cm)	6	3	2	1

이때 x가 2배, 3배 …가 되면 그에 따라 y가 $\frac{1}{2}$배, $\frac{1}{3}$배 …가 됩니다.

이와 같이 2개의 양 x와 y가 있고, x가 2배, 3배 …가 되면, 그에 따라 y가 $\frac{1}{2}$배, $\frac{1}{3}$배 …가 될 때, y는 x에 **반비례**한다고 말합니다.

또한 세로가 x cm이고, 가로가 y cm인 직사각형의 넓이를 6㎠로 할 때, 넓이를 세로 길이로 나누면 가로 길이가 구해지므로 오른쪽과 같은 식이 성립합니다.

$$y = 6 \div x$$
가로 = 넓이 ÷ 세로

y가 x에 반비례할 때, 이와 같이 '$y = 비례값 \div x$'라는 식이 성립합니다. 위의 식에서 **비례값**은 6입니다.

반비례의 식 $y = 비례값 \div x$

꼭 가르쳐야 할 핵심 포인트!

반비례에서 '비례값' 구하는 법

다음 연습문제 (2)와 같은 'x와 y의 관계를 식으로 나타내시오'라는 문제를 풀 때, 'y = 비례값 ÷ x'의 비례값을 구해야 합니다.
이전의 직사각형의 예에서는 세로 길이($x$cm)와 가로 길이($y$cm)를 곱하면 '정해진 수'인 넓이(6㎠)을 구할 수 있습니다.
그러므로 비례값을 구하기 위해서는 x의 값과 그에 대응하는 y의 값을 곱하면 됩니다. 예를 들면 오른쪽의 직사각형 넓이 표에서 '$x × y$'는 '비례값' 6이 됩니다.

세로 x (cm)	1	2	3	6
가로 y (cm)	6	3	2	1
$x × y$의 답	6	6	6	6

$x × y$는 어떤 것이든 비례값 6이 된다.

연습문제

오른쪽 표는 넓이가 18㎡인 평행사변형의 밑변의 길이 x cm와 높이 y cm의 관계를 나타낸 것입니다.

밑변 x (cm)	1	2	3	6	9	18
높이 y (cm)	18	9	6	3	2	1

(1) y는 x에 반비례합니까?

(2) x와 y의 관계를 식으로 쓰세요.

(3) x의 값이 4.5일 때, y의 값을 구하세요.

해답

(1) 표에서는 오른쪽과 같이 x가 2배, 3배 …가 되면 그에 따라 y가 $\frac{1}{2}$배, $\frac{1}{3}$배 …가 됩니다.

그러므로 y는 x에 반비례합니다.

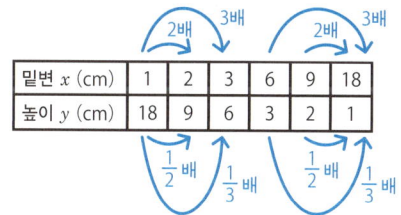

답   반비례한다.

(2) 반비례식은 'y = 정해진 수 ÷ x'이므로
x의 값과 그에 대응하는 y의 값을 곱하면 비례값을 구할 수 있습니다.
예를 들면 x가 2일 때, y는 9이므로 비례값은 '2 × 9 = 18'입니다.
그러므로 식은 'y = 18 ÷ x'입니다.

답 $y = 18 ÷ x$

(3) (2)에서 구한 'y = 18 ÷ x'의 x에 4.5를 넣어서 계산합니다.
y = 18 ÷ 4.5 = 4

답 $y = 4$

PART 11 ▶ 정비례와 반비례 〈6학년〉

4 반비례 그래프

> **핵심 포인트!** 반비례 그래프는 **완만한 곡선**이 된다!

y는 x에 반비례하고 있고, $y = 12 \div x$의 관계가 성립한다고 할 때, $y = 12 \div x$의 그래프는 어떻게 되는지 알아보겠습니다.

반비례 그래프는 다음과 같은 3단계 과정으로 그릴 수 있습니다.

[과정 1] x와 y의 관계를 표로 그린다.

'$y = 12 \div x$'에 대해서 x와 y의 관계를 표로 그리면 오른쪽과 같이 됩니다.

x	1	2	3	4	6	12
y	12	6	4	3	2	1

[과정 2] 표를 바탕으로 모눈 위에 점을 찍는다.

표를 보면서 모눈 위에 점을 찍으면 아래와 같이 됩니다.

[과정 3] 점을 선으로 연결한다.

[과정 2]에서 찍은 점을 따라 선을 연결하면 아래와 같이 '$y = 12 \div x$'의 그래프를 그릴 수 있습니다.

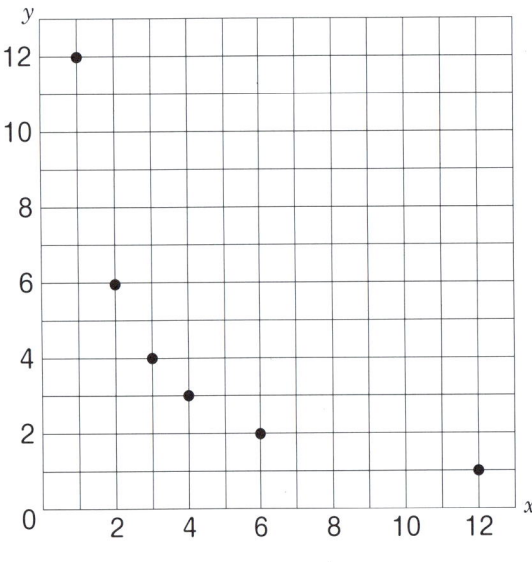
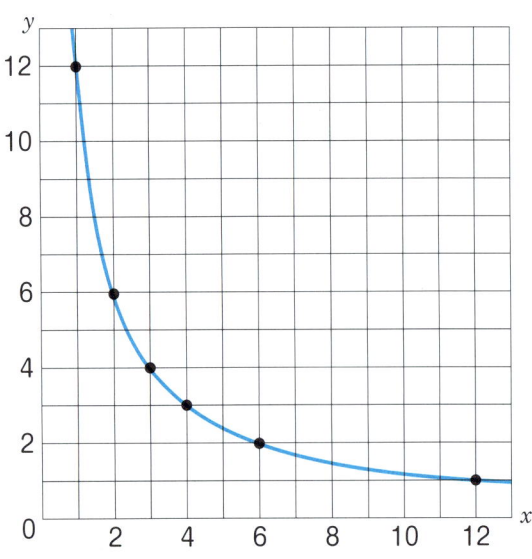

이와 같이 반비례 그래프는 **완만한 곡선**이 됩니다.

꼭 가르쳐야 할 핵심 포인트!

반비례 그래프는 자를 사용하지 않는다!

반비례 그래프를 그릴 때, 모눈 위에 점을 찍은 후 오른쪽 [그림 1]과 같이 자를 사용하여 직선으로 점을 연결하는 아이가 있습니다.

그러나 시험을 볼 때는 [그림 1]과 같이 그리면 틀린 답으로 처리될 수 있으므로 주의해야 합니다.

반비례 그래프는 [그림 2]와 같이 완만한 곡선이므로 자를 사용하지 않고 손으로 곡선을 그려야 합니다.

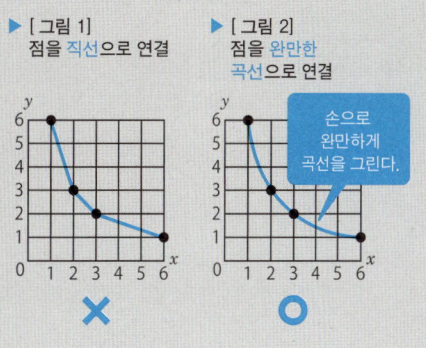

연습문제

20km 거리를 갈 때의 시속 x km와 걸리는 시간 y 시간의 관계에 대하여 다음 질문에 답하세요.

(1) x와 y의 관계를 식으로 쓰세요.

(2) x와 y의 관계를 아래 표에 작성하세요.

시속 x (km)	1	2	4	5	10	20
시간 y (시간)						

(3) (2)의 표를 바탕으로 x와 y의 관계를 다음 그래프에 그리세요.

해답

(1) '시간 = 거리 ÷ 속도'이므로, $y = 20 ÷ x$

답 $y = 20 ÷ x$

(2) '$y = 20 ÷ x$'에 대해서 x와 y의 관계를 나타내면 다음과 같이 됩니다.

시속 x (km)	1	2	4	5	10	20
시간 y (시간)	20	10	5	4	2	1

(3) (2)의 표를 바탕으로 그래프에 점을 찍고 완만한 곡선을 연결하면 다음과 같이 됩니다.

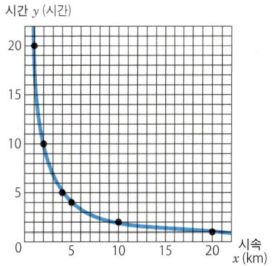

PART 12 ▶ 경우의 수 〈 6학년, 확장 〉

 순열

> **핵심 포인트!**
> **트리맵**을 그린 후, 무슨 길인지 알아보자!

어떤 일이 일어날 수 있는지 알아보는 것이 경우의 수입니다.
경우의 수는 크게 순열(나열하기)과 조합의 두 가지로 나뉩니다.
먼저 순열에 대해서 배우도록 하겠습니다.

순열이 몇 가지인지 알아볼 때 도움이 되는 것이 바로 트리맵입니다.
마치 나뭇가지가 뻗어 나간 것처럼 보이기 때문에 트리맵이라고 합니다.
트리맵을 사용하면 빠뜨리거나 중복되는 것 없이 순열이 몇 가지인지 알 수 있습니다.

트리맵을 그리는 방법에 대해서는 다음 예제를 풀면서 설명하겠습니다.

예제 A, B, C 3명이 팀을 만들어 이어달리기 경기에 출전합니다. 3명이 뛰는 순서는 모두 몇 가지일까요?

해답

트리맵을 그려서 모두 몇 가지인지 알아보겠습니다.
첫 번째 주자, 두 번째 주자, 세 번째 주자로 나누어 생각해 보겠습니다.

[트리맵을 그리는 방법]

① 먼저 **첫 번째 주자가 A일 때**를 생각합니다. 첫 번째 주자가 A일 때, 두 번째 주자가 B 또는 C가 되므로, 그것을 오른쪽 그림과 같이 그려서 나타냅니다.

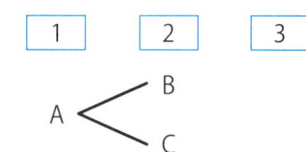

② 두 번째 주자가 B일 때, 세 번째 주자는 C가 됩니다. 또한 두 번째 주자가 C일 때, 세 번째 주자는 B가 됩니다. 이것을 오른쪽 그림과 같이 그려서 나타냅니다.

③ 마찬가지로 첫 번째 주자가 B일 때와 첫 번째 주자가 C일 때를 각각 나타내면 오른쪽 그림과 같이 트리맵이 완성됩니다.

트리맵을 보면 3명이 달리는 순서는 전부 6가지가 있다는 것을 알 수 있습니다.

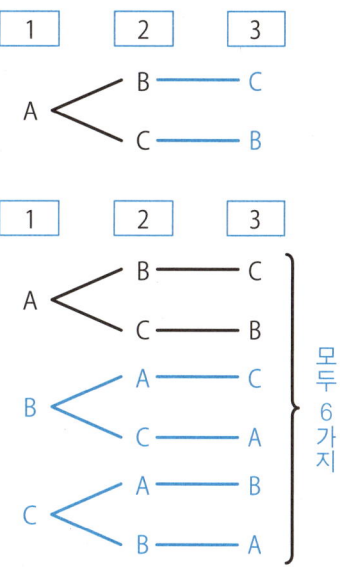

답 6가지

연습문제

5, 6, 7, 8 4장의 카드가 있습니다. 이 4장의 카드를 사용하여 4자리 정수를 만들 때, 4자리 정수는 전부 몇 가지를 만들 수 있을까요?

> **해답**
>
> 천의 자리, 백의 자리, 십의 자리, 일의 자리로 나누어서 생각합니다. 천의 자리에 5를 놓을 때의 트리맵을 그리면 오른쪽 그림과 같이 됩니다.
>
> 이 트리맵을 보면 천의 자리에 5를 놓는 순열은 6가지임을 알 수 있습니다.
>
> 마찬가지로 천의 자리에 6, 7, 8 카드를 놓은 방법도 각각 6가지씩 있습니다. 그러므로 4자리 정수는 모두 '6 × 4 = 24'가지를 만들 수 있습니다.
>
>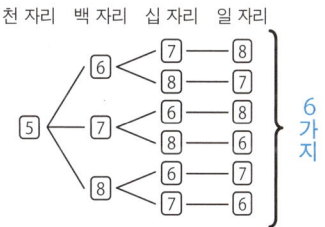
>
> 답 24가지

꼭 가르쳐야 할 핵심 포인트!

모든 트리맵을 다 그릴 필요는 없다

연습문제 의 답은 24가지였습니다만(해답), 천의 자리에 5를 놓는 경우의 트리맵(6가지)만을 그렸습니다. 천의 자리에 5를 놓는 경우의 트리맵을 그림으로써 천의 자리에 6, 7, 8의 카드를 놓을 때도 각각 6가지씩이라고 유추할 수 있기 때문에 그리는 것을 생략한 것입니다.
학교 시험에서도 모든 트리맵을 그리면 시간이 걸립니다. 그러므로 전체 트리맵이 예상되는 경우에는 일부 트리맵만 그리고 생각하면 됩니다.

PART 12 ▶ 경우의 수

〈 6학년, 확장 〉

2 조합

핵심 포인트!
순서를 생각하는 것은 **순열**
순서를 생각하지 않는 것은 **조합**

예제 Ⓐ, Ⓑ, Ⓒ 3장의 카드가 있습니다. 이 경우, 다음 질문에 답하세요.

(1) 3장의 카드 중, 2장을 나열하는 순열은 몇 가지 있을까요?
(2) 3장의 카드 중, 2장을 선택하는 조합은 몇 가지 있을까요?

해답

(1)은 순열 문제이고, (2)는 조합 문제입니다. 문제를 풀어 보면서 순열과 조합의 차이점을 알아보도록 하겠습니다.

(1) 3장의 카드 중, 2장을 나열하는 순열을 트리맵으로 알아보면 오른쪽과 같이 됩니다.

이에 따라 3장의 카드 중, 2장을 나열하는 순열은 6가지입니다.

답   6가지

(2) (1)에서는 Ⓐ-Ⓑ 와 Ⓑ-Ⓐ 를 **구별하여 2가지로** 하였습니다.
그러나 (2)에서는 '선택하기'뿐이므로 Ⓐ-Ⓑ 와 Ⓑ-Ⓐ 를로 나열하는 것을 **구별하지 않고 합쳐서 1가지**라고 하겠습니다.
(1)의 트리맵에서 Ⓐ-Ⓑ 와 Ⓑ-Ⓐ 처럼 겹치는 것에 × 표시를 하면 오른쪽과 같이 됩니다.

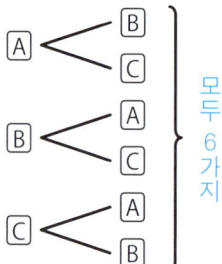
→ (Ⓐ,Ⓑ), (Ⓐ,Ⓒ)
　(Ⓑ,Ⓒ) 3가지가 남음

이에 따라 3장의 카드 중, 2장을 선택하는 조합은 3가지입니다.

답   3가지

꼭 가르쳐야 할 핵심 포인트!

순열과 조합 구별하기!

'경우의 수'를 학습할 때 가장 중요한 핵심 포인트는 나열하는 것과 조합하는 것의 차이점을 확실하게 구별할 수 있도록 하는 것입니다.

예제 (1)과 같이 나열하는 순서를 생각하는 것이 순열입니다. 한편 예제 (2)와 같이 순서를 생각하지 않는 것이 조합입니다. (1)과 (2)의 문제를 비교해 보면 '나열하는 순열'과 '선택하는 조합'이 다를 뿐입니다. 단 그 차이뿐인데, 답이 달라지는 것에 주의하도록 가르쳐 주세요.

연습문제

색깔이 빨간색, 파란색, 노란색, 흰색인 4장의 카드가 있습니다. 이 4장에서 서로 다른 2장을 선택할 때, 조합은 모두 몇 가지일까요?

해답

빨간색, 파란색, 노란색, 흰색인 4장의 카드 중, 2장을 나열하는 순열을 트리맵으로 그린 후, 중복된 것에 × 표시를 하면 다음과 같이 됩니다.

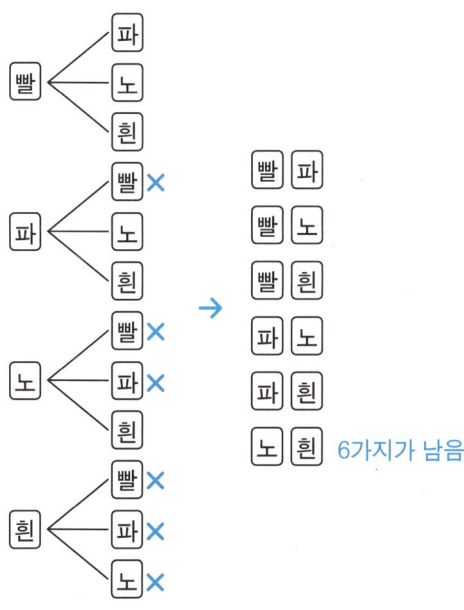

이에 따라 조합은 모두 6가지입니다.   답   6 가지

찾아보기

ㄱ

가분수 · **38**, 39, 46, 47
각기둥 · **78**, 79, 81
각기둥의 부피 · **79**, 81
경우의 수 · **122**, 125
계산 순서 · **16**, 17
공배수 · **34**, 35
공약수 · **30**, 31, 35
기준량 · **96**, 97, 98, 99, 101, 103, 105

ㄴ

나그네셈 · **94**, 95
나누는 수 · **14**, 15, 25, 27, 53
나누어지는 수 · **14**, 25, 26, 27
나머지가 나오는 소수의 나눗셈 · **26**, 27
내항 · **110**, 111, 112
넓이 · **56**, 57, 60, 61, 64, 65, 66, 67, 78, 79, 80, 81, 84, 85, 86, 87, 113, 114, 115, 118, 119

ㄷ, ㄹ, ㅁ

다각형 · **62**, 63
다각형 내각의 합 · **62**, 63
단위 환산 · **88**, 89
단위량당 크기 · **84**
대각선 · **54**, 55, 56, 57, 63
대분수 · **38**, 39, 42, 43, 44, 45, 46, 47, 48, 49, 50, 51, 53
대분수의 받아내림 · **44**, 45, 47
대분수의 받아올림 · **44**, 45, 46, 47, 48
대응각 · **68**, 69, 70, 71, 72, 73
대응변 · **68**, 69, 70, 71
대응점 · **68**, 69, 70, 71
대칭의 중심 · **70**, 71
대칭축 · **68**, 69
덧셈(합) · **8**, 38, 44, 54, 58, 59, 62, 63, 75, 95, 113
데시리터(dL) · **87**
동일한 비례의 성질 · **108**, 111, 112
들이 · **76**, 77, 86, 87
띠 그래프 · **104**
리터(L) · **76**, 86, 87, 89, 101
마름모 · **54**, 55, 56, 57
마름모의 넓이 · **56**, 57

못 · **14**, 15, 26, 27, 39
밀리(m) · **86**
밑넓이 · **78**, 79, 80, 81
밑면 · **78**, 79, 80, 81

ㅂ

반비례 그래프 · **120**, 121
반비례 · **118**, 119, 120, 121
반지름 · **64**, 65, 66, 67, 80, 81, 104
배수 · **32**, 33, 34, 35, 36
백분율 · **96**, 100, 101, 103, 105
벤 다이어그램 · **30**, 31, 34, 35
부채꼴 호의 길이 · **66**, 67
부채꼴 · **66**, 67
부채꼴의 넓이 · **67**
부피 · **74**, 75, 76, 77, 78, 79, 80, 81, 87
분모 · **38**, 39, 40, 41, 42, 46, 47, 48, 49, 50, 51, 52, 53, 109
분속 · **90**, 91, 93, 94, 95
분수 · **18**, 38, 39, 40, 41, 42, 43, 44, 45, 46, 47, 48, 49, 50, 51, 52, 53, 109
분수를 소수로 바꾸기 · **42**
분수의 곱셈 · **50**, 51
분수의 나눗셈 · **52**, 53
분수의 덧셈 · **46**, 48
분수의 뺄셈 · **46**, 47, 48, 49
분자 · **38**, 39, 40, 42, 46, 47, 48, 50, 51, 52, 53
비례 그래프 · **116**, 117
비례 · **106**, 107, 108, 109, 110, 111, 112, 113
비례값 · **106**, 107
비례를 간단하게 · **108**, 109
비례식 · **110**, 111, 112
비율 · **96**, 97, 98, 99, 100, 101, 102, 103, 104, 105, 106
비율의 3공식 · **98**, 99, 101

ㅅ

사각형 · **54**, 55, 56, 57, 62, 74, 78, 86, 87
사각형의 넓이 · **56**, 57, 86
사다리꼴 · **54**, 55, 56, 57, 79
사다리꼴의 넓이 · **56**, 57
삼각형 · **58**, 59, 60, 61, 62, 63, 72, 73, 78, 79, 113
삼각형의 넓이 · **60**, 61
선대칭 · **68**
사다리꼴 · **54**, 55, 56, 57, 79

사다리꼴의 넓이 • **56**, 57
삼각형 • **58**, 59, 60, 61, 62, 63, 72, 73, 78, 79, 113
삼각형의 넓이 • **60**, 61
선대칭 • **68**
세제곱미터(cm³) • **74**, 76, 87
소수 • **18**, 19, 20, 21, 22, 23, 24, 25, 26, 27, 37, 42, 43, 100, 101, 102, 103, 104, 109
소수를 분수로 바꾸기 • **43**
소수의 곱셈 • **22**
소수의 나눗셈 • **24**, 25, 26
소수의 덧셈 • **20**
소수의 비율 • **100**, 101, 102, 103, 105
소수의 뺄셈 • **20**, 21
소수점 • **18**, 20, 21, 22, 23, 24, 25, 26, 27
속도를 나타내는 법 • **90**
속도의 3공식 • **92**, 93
순열 • **122**, 123, 124, 125
시속 • **90**, 91, 93, 121

ㅇ

아르(a) • **87**, 89
안 치수 • **76**, 77
약분 • **40**, 43, 46, 47, 48, 49, 51, 53, 67
약수 • **28**, 29, 30, 31, 35, 37
역수 • **52**, 53
옆면 • **78**, 80
외항 • **110**, 111, 112
원 그래프 • **104**, 105
원 • **64**, 65, 66, 67, 80, 81
원기둥 • **78**, 80, 81
원기둥의 부피 • **80**, 81
원의 넓이 • **64**, 65, 66, 67, 81
원주 • **64**, 66
원주율 • **64**, 65, 67
원주의 길이 • **64**, 65, 66, 67
인구밀도 • **85**

ㅈ

자연수 • **8**, 10, 12, 14, 20, 22, 23, 24, 25, 26, 28, 30, 32, 33, 34, 36, 37, 39, 42, 43, 44, 45, 46, 47, 50, 52, 108, 109, 123
자연수의 곱셈 • **12**
자연수의 나눗셈 • **14**
자연수의 덧셈 • **8**

자연수의 뺄셈 • **10**
점대칭 • **70**, 71
정비례 • **114**, 115, 116
정육면체 • **74**, 75, 77, 78, 87
정육면체의 부피 • **74**, 77, 95
제곱센치미터(cm²) • **56**, 86, 87, 114, 115
중심 • **64**
중심각 • **66**, 67
지름 • **64**, 65, 67
직사각형 • **54**, 55, 56, 57, 74, 78, 113
직사각형의 넓이 • **56**, 57, 83, 113, 114, 115, 118, 119
직육면체 • **74**, 75, 76, 77, 78, 117
직육면체의 부피 • **74**, 75, 76, 77
진분수 • **38**
짝수 • **36**, 37

ㅊ

체리 계산법 • **8**, 9, 10
초속 • **90**, 91
최대공약수 • **30**, 31, 35, 40, 108, 109
최소공배수 • **34**, 35, 40, 41, 48, 49, 109
축소도 • **72**, 73

ㅌ, ㅍ, ㅎ

킬로(k) • **86**, 87
톤(t) • **87**
통분 • **40**, 41, 48, 49
트리맵 • **122**, 123, 124, 125
퍼센트(%) • **100**, 103
평균 • **82**, 83
평균의 3공식 • **82**
평행사변형 • **54**, 55, 56, 57, 70, 71, 119
평행사변형의 넓이 • **56**, 57
할·푼·리 • **102**
헥타르(ha) • **87**, 89
호 • **66**, 67
홀수 • **36**, 37
확대도 • **72**, 73

* **굵은 숫자**로 표시된 페이지에는 상세한 용어 해설이 실려 있습니다.

SHOGAKKOU6NENKAN NO SANSU GA 1SATSU DE SHIKKARIWAKARU HON by Takuya Kosugi
Copyright © Takuya Kosugi, 2015
All rights reserved.
Original Japanese edition published by KANKI PUBLISHING INC.
Korean translation copyright © 2017 by forbook
This Korean edition published by arrangement with KANKI PUBLISHING INC., Tokyo, through HonnoKizuna, Inc., Tokyo, and BC Agency

이 책의 한국어판 저작권은 BC 에이전시를 통한 저작권자와의 독점 계약으로 포북에 있습니다.
저작권법에 의해 한국 내에서 보호를 받는 저작물이므로 무단 전재와 복제를 금합니다.

프로 수학강사의 비법 노트
초등수학 6년

2017년 6월 23일 초판 1쇄 발행

지은이 | 고스기 다쿠야
옮긴이 | 김치영

펴낸이 | 김우연, 계명훈
편 집 | 손일수
마케팅 | 함송이
경영지원 | 이보혜
디자인 | 계순림
인 쇄 | RHK홀딩스

펴낸곳 | for book
주 소 | 서울시 마포구 공덕동 105-219 정화빌딩 3층
출판 등록 | 2005년 8월 5일 제2-4209호
판매 문의 | 02-752-2700(에디터)

값 12,000원
ISBN 979-11-5900-036-2 (13410)

본 저작물은 for book에서 저작권자와의 계약에 따라 발행한 것이므로 본사의 허락 없이는 어떠한 형태나 수단으로도 이 책의 내용을 이용할 수 없습니다.

*잘못된 책은 교환하여 드립니다.